U0523670

通识社会经典丛书

论尼采崇拜：
一个批判

〔德〕斐迪南·滕尼斯 著

张巍卓 译

Ferdinand Tönnies
DER NIETZSCHE-KULTUS.
Eine Kritik
O. R. Reisland, Leipzig 1897
根据德国莱比锡 O. R. 雷斯兰出版社 1897年版译出，
参考德国普洛菲尔出版社 2012年版

学术指导和编委会
（以姓氏拼音为序）

学术指导

成伯清　冯仕政　渠敬东　王铭铭　肖　瑛
熊春文　应　星　赵丙祥　赵立玮　周飞舟

编委会

侯俊丹　李荣山　孟庆延
王　楠　闻　翔　杨清媚　张国旺

学术秘书

刘水展

总序

今天中国的每个人,都生活在社会之中。无论是否喜欢,社会都已和我们息息相关,成为每个人的生身情境。它时常作为保护者,令我们享受安逸,可也常常逼迫得人喘不过气。它时常允许我们自由行动、有所追求,但有时又会化身呼海啸的汹涌人潮,或是开足马力的庞大机器,将我们裹挟其中,带向未知的终点。不过,再庞大的社会,也要由一个个微小的人组成。一个人能否做好自己的本职工作,有时会关系到千百万人的身家性命。我们早已在社会中血脉相连、无法分离。所以,理解社会,也是理解和面对自己以及当下身处的历史;了解它的源流,正视它的价值和局限,也才为驾驭或超越提供了可能;更何况在当下的中国,它早已和我们变化的传统扭结在一起,带来了更多的可能性和挑战。中国近代革命和人民共和国的建立,富强民主自由平等的社会主义核心价值,都离不开前辈学者和革命家建设与批判社会的不懈努力,以及呕心沥血的思考和奔走呼告。我们的这套"通识社会经典丛书",正是想要借这些有关社会的中外经典著述,寻找思考和领悟的线索。

时至今日,通识教育对于大学的重要性已毋庸置疑。不过要通达人的内心和灵魂,接近真正的"大学之道",却不能走马观花地涉猎群书,或满足于应付考核,拿到课程学分。纠正专业教育和学术研究中某些虚假抽象与过于技术化的倾向,也不能靠扎不下根的浮泛知识以及沾沾自喜的夸夸其谈。只有耐心细致地阅读和体悟经典,唤醒自己与前人感同身受的共同经验,和有志于学的同道一起真诚交流,才可能达到真正的理解和领悟,体会到在这些经典著述中,与自己一同活生生存在着的普遍生命和共同历史。所以,我们提供的不是教科书或小百科式的速读品,而是选择了那些经典作者的经典作品。为引导青年学子和感兴趣的读者入得门径,我们也没有考虑众所周知的大部头著作,而是从经典作者的著述中,选出一些篇幅较小但具有重要意义的作品,并在每本书正文之前,添加一篇对该书深有心得的学人撰写的导言,引领读者进一步深入地阅读。

本丛书分西学与中学两个系列。在西学方面,我们选择了自现代早期至20世纪中期这一时段,围绕社会这一主题做出过重要阐发的社会科学和人文学科的作品。17世纪的自然法哲学家和18世纪的启蒙思想家,尝试在新的人性与自然观的基础上来构建现代社会,确立新的道德、经济、政治和信仰。而在工业革命和法国大革命之后,危机与失范伴随着社会的繁荣和秩序一同到来。19—20世纪,资本主义与现代国家在欧美各国确立起来,现代社会的内在张力与矛盾得以充分发展,并与西方文明的某些传统重新交会碰撞。这一时期社会思想的主题,正是在此基础上展开反思、批判与进一步的建设。在中学方面,我们侧重于选取自晚清至20世纪80年代之前这一时段的著名学人与思想家的作品。他们尝试将自身的经史传统与社会科学相结合,在中西潮流的融汇之中思考自己文明的来路与去向,体察民情,引导民众,继往开来地建设自己的社会与国家。

梁任公有云:"新民云者,非新者一人,而新之者又一人也,则在吾民之各自新而已。"今日社会的成立,不仅需要卓越的精英在紧要关头为众人指引前途,把握方向,也需要我们每一个人在日常的工作与生活中一点一滴的努力。这个庚子年初发生的一切,只不过是再次的证明而已。当然,点亮每一颗心,让每一个人都绽放生命,或许是困难的,或许终究是不可能的,但却不是不值得一做的事情。让我们的这套丛书,为此尽一点绵薄之力。

"通识社会经典丛书"编委会

2020年3月11日

译者导言

在1897年问世的《论尼采崇拜：一个批判》(以下简称《论尼采崇拜》)一书的开篇，滕尼斯自豪地写道：

> 本书希望批评尼采的观点和错误，还有随之而来的尼采崇拜现象。之所以这样做，是因为它们对我而言具有特别重要的意义。在几乎没有人（除了尼采自己圈子里的人）知道他的时候，我就对他很熟识了。①

的确，滕尼斯同尼采及其作品的相遇不仅在时间上早于他人，而且可能没有谁比他对尼采抱有更矛盾的感受。青年时期的他同尼采圈子有密切往来，他本人也是最早自觉接受尼采教诲、反思其伦理与社会效应的学者。由尼采鼓舞的艺术对哲学、生命对科学、肉体对精神的反

---

① Ferdinand Tönnies, *Der Nietzsche-Kultus. Eine Kritik*, hrg. Arno Bammé, Wien: Profil Verlag, 2012, S.9.

叛不啻震彻灵魂的现代启示①，然而与此同时，在超人、永恒轮回、价值重估等激烈却诱人的宣言前，滕尼斯从没有丧失独立的判断力。

1872年尼采的第一部著作《悲剧的诞生》刚出版，青年滕尼斯就注意到了它，并以极大的愉悦感读完了这本小册子。当时，滕尼斯尚在耶拿大学攻读古典学，最初吸引他目光的无疑是尼采对希腊文化的颠覆性解释。我们知道，这本书甫一问世，就在德国古典学界引发了集体讨伐的局面。在批评者眼里，尼采不过是在用叔本华和瓦格纳的思想生搬硬套地解释希腊悲剧，它们同希腊悲剧本身并没有什么联系。然而滕尼斯极爱这部著作，从中接受了最深沉的启示（Offenbarung）。随着阅读的深入，他逐渐跃出古典学的学科藩篱，一步步接近其中蕴藏的现代文明批判的本质："他向我诉说了许多，我渴望去理解他，同他一起感受。在他的指引下，我满怀敬畏地接触了叔本华的哲学和瓦格纳的艺术。"②

此后，滕尼斯越来越明确地以研究现代社会和国家

---

① Ferdinand Tönnies, "Eutin", in *Die Philosophie der gegenwart in Selbstdarstellungen Band III*, Herausgegeben von Dr. Raymund Schmidt, Leipzig: Verlag von Felix Meiner, 1922, S.203.
② Ferdinand Tönnies, *Der Nietzsche-Kultus. Eine Kritik*, hrg. Arno Bammé, Wien: Profil Verlag, 2012, S.9.

为志业,由尼采激励起的批判力量便越发深植心中。但凡尼采出版新书,他都会在第一时间购买阅读,即使他对尼采的激情渐渐变淡。①

是什么促使滕尼斯从一开始的绝对肯定转向暧昧、犹疑的复杂态度呢?能解释这一事实最重要的莫过于尼采本人的转变。在为《悲剧的诞生》第 2 版(1886)所写的著名导言《一种自我批评的尝试》里,尼采公开拒绝了早年著作的"糟糕"思想前提,即叔本华的形而上学和瓦格纳的浪漫主义哲学。按照他的说法,通过掺入最现代的事物,其在根本上败坏了伟大的希腊问题。② 然而滕尼斯愈加意识到,当尼采彻底抛去形而上学的根基,无论他的思想还是实践都将变得毫无根基:"但他突然地背离二人,至今令我十分不解,在我看来,他从一个更深刻的观点转向了一个更肤浅的观点。"③

---

① Ferdinand Tönnies, "Eutin", in *Die Philosophie der gegenwart in Selbstdarstellungen Band III*, Herausgegeben von Dr. Raymund Schmidt, Leipzig: Verlag von Felix Meiner, 1922, S. 205.
② 尼采:《一种自我批评的尝试》,载《悲剧的诞生》,孙周兴译,商务印书馆 2012 年版,第 12 页。
③ Ferdinand Tönnies, *Der Nietzsche-Kultus. Eine Kritik*, hrg. Arno Bammé, Wien:Profil Verlag, 2012, S. 9. 类似地,滕尼斯对《不合时宜的沉思》评论道:尼采说的都是谎言,他并非只无辜地欺骗了自己,也欺骗了别人。Ferdinand Tönnies, "Eutin", in *Die Philosophie der gegenwart in Selbstdarstellungen Band III*, Herausgegeben von Dr. Raymund Schmidt, Leipzig: Verlag von Felix Meiner, 1922, S. 205.

尼采及其思想效果从启示逐渐蜕变为一个独特的文化现象。对此,滕尼斯相信尼采友人雷伊(Paul Rée)的话:尼采现象的最独特之处,莫过于他的日常交谈比他书里呈现的文字本身更重要,更能讲清楚文字内的意蕴。①尼采的书和他圈子中人的影响,使滕尼斯渐渐萌生对尼采若即若离的意识。

要理解滕尼斯态度的复杂性,我们不可避免地要提及他同尼采圈子成员的接触和彼此间的影响。早在1880年,尼采的出版商施梅茨讷(Schmeitzner)就曾计划将滕尼斯拉入包括雷伊、欧维贝克(Franz Overbeck)、罗德(Edwin Rohde)等在内的尼采圈子,共同办一份哲学刊物。当时,尼采和他的朋友们刚摆脱瓦格纳的魔圈,后者已然陷入神秘主义的愁云(Gedankendürstnis)。滕尼斯满心希望加入富有活力的尼采圈子,开辟德国学者组建自由的思想共同体的时代,后因彼此意见分歧不了了之。②

尽管如此,但滕尼斯寻求以思想共同体为载体,通过哲学慢慢融入舆论,最终改造民风的想法在此时已经形

---

① Ferdinand Tönnies, "Paul Rée", in *Der Nietzsche-Kultus. Eine Kritik*, hrg. Arno Bammé, Wien: Profil Verlag, 2012, S.176.
② Ferdinand Tönnies und Friedrich Paulsen, *Briefwechsel 1876-1908*, Herausgegeben von Olaf Klose, E. G. Jacoby, Irma Fischer, Kiel: Ferdinand Hirt, 1961, SS.74-75, 77.

成。然而探寻共同知识基础、建立知识团体的努力不是一朝一夕之功。在19世纪80年代,滕尼斯仍然对尼采的引领作用抱有期许,同尼采密友莎乐美和雷伊建立的短暂却密切的关系给予他接近转折期的尼采人格的契机。不仅如此,在同他们交互讨论尼采的事迹和想法的过程中,滕尼斯逐渐形成了自己的分寸感。

在尼采同他的朋友不乏火药味的思想关系里,滕尼斯从一开始就扮演着旁观者和中间人的角色。对他而言,特别值得提及的是尼采同雷伊关于"道德感起源"的争执以及彼此的最终决裂。公允地讲,面对争执,滕尼斯更倾向于尼采,即他也相信艺术和哲学的倾向不仅相互协调,而且能结合在一起,然而,雷伊立足英国经验心理学与进化论思潮的科学解释,又为滕尼斯提供了同情感、社会性、利他主义等概念的启迪。无论出于常识还是个人信念,滕尼斯都将雷伊视作严肃的科学家,对他报以科学家间的尊重[1],随着反省意识的增强,雷伊这一脉的知识资源愈发占领他的心灵。

此外,滕尼斯同莎乐美持续交换着对尼采人格的看法。滕尼斯被莎乐美誉为"她所遇到的人中最接近尼采

---

[1] Ferdinand Tönnies, "Paul Rée", in *Der Nietzsche-Kultus. Eine Kritik*, hrg. Arno Bammé, Wien: Profil Verlag, 2012, SS. 174, 176.

的、最有精神活力的人"①。到了19世纪90年代,他们相继发表早期尼采研究的两部名著,即莎乐美的《作品中的弗里德里希·尼采》(1894)与滕尼斯的《论尼采崇拜》(1897)。这两部著作基于一个共同的前提:作者都亲历了尼采的生活②,而且就总体地评判尼采达成了共识。看看莎乐美对滕尼斯的评论,多少可以发现她以精神分析的思路,讲出了和滕尼斯的判断一样的内容,即尼采人格中的"魔性":

> 滕尼斯认为无论尼采是否爱真理,他对名望的渴望或对毁灭的意欲都是最强烈的……不可否认,在尼采和他所崇拜的理想之间,有一种恶魔的混沌。这是创造了他的思想顶点的东西,即使他对真理的探求是最具毁灭性的行动,即使在他的本性里展开

---

① E. G. Jacoby, *Die moderne Gesellschaft im sozialwissenschaflichen Denken von Ferdinand Tönnies*, herausgegeben von Arno Bammé, München: Profil Verlag, 2013, S.55.
② 滕尼斯在自传里披露了自己在1883年曾鼓起勇气到西尔斯-玛利亚山庄拜访尼采,但是面对尼采"咄咄逼人的目光",他最终没有上前去结识他。对他来说,尼采似乎始终是"最熟悉的陌生人",他在1900年写给尼采妹妹伊丽莎白的信里也讲了这个故事。Ferdinand Tönnies, "Eutin", in *Die Philosophie der gegenwart in Selbstdarstellungen Band III*, Herausgegeben von Dr. Raymund Schmidt, Leipzig: Verlag von Felix Meiner, 1922, S.214.

了一个可怕的深渊。对真理的冲动、对名望的渴望、激情与虚无都同毁灭性的狂暴结合在一起,它们指向了这个恶魔圈以外的事物。①

不过,相较莎乐美更多立足于对尼采人格与著作的分析,滕尼斯的独特之处或许在于聚焦尼采在文化史中的地位以及他的伦理思想,以日常良知拷问尼采的魔性。在他看来,尼采的《查拉图斯特拉如是说》是偏激、酒醉、堕落的标语(Schlagwort);然而与此同时,越来越多求知欲强的青年急迫地想要跟上尼采的召唤,成为超人(Übermensch),践行主人(Herr)道德。可能已经没有谁可以用普遍的真理让这个世界平静下来。

滕尼斯满怀忧虑地看着自己曾经的偶像步入黄昏、成疯成狂。而在帝国官僚无孔不入的渗透,以及贪婪商人主导的资本横飞的平庸世界里,青年的文化生活也变得越来越非理性,他写作《论尼采崇拜》,以及此前的《"伦理文化"及其引领者》(1893)这两部著作,正是试图平息尼采祭坛(Kultus)的魔力。为此,他不仅重新定义尼采

---

① 转引自 Niall Bond, "Niezschen practical philosophy, Tönniesian sociology and hermeneutics", in *Understanding Ferdinand Tönnies' "Community and Society"*, Münster: LIT Verlag, p.319。

早年之作为激情的强烈甚于思想的深刻[①],而且希望唤醒青年人冷静与审慎的品质,与其说让他们抛弃对真理的渴望,不如说让他们的渴望回到人(Mensch)本身,而不是成为"超人"或蔑视畜群的"主人":

> 没错,我希望跟你们说:探求真理的渴望不应被消解。保持你们的"美好的"渴望吧,相信它必然存在以及它的价值,让它陪伴着你度过迷乱的生活;如果你们正忍受生活的摧残,那么就想想,许多人和你们一道在忍受,还有许多人在你们之前就承受过苦痛。我们今天需要的总是新的领会、新的启蒙、新的深刻。我们需要一个哲学的共同体(Gemeinde)。[②]

那么这是否意味着滕尼斯彻底同尼采作别了呢? 没那么简单! 尼采去世后,滕尼斯在写给尼采妹妹伊丽莎白的信中,表达了自己对尼采从始至终的仰慕。他说道:也许在尼采的家族里,他被看作敌人或对手,但是他真诚地相信,如果尼采的灵魂还活着,一定会将他当成朋友和仰慕者。换句话说,他认为自己所做的其实是将尼采学

---

① Ferdinand Tönnies, *Der Nietzsche-Kultus. Eine Kritik*, hrg. Arno Bammé, Wien: Profil Verlag, 2012, S.9.
② 同上书,SS.10-11。

说中无根基的内容及其空洞的社会效应甄别出来,吸收并且捍卫其真正的遗产。①

无论滕尼斯的态度发生了怎样的变化,他对尼采的人格同思想间的关系都有非常明确的判断:其人格和思想完全统一。这是他写作《论尼采崇拜》的前提,更是以科学的态度诠释尼采现象的基础。事实上,尼采的思想变化并非一蹴而就,而是既在其性情中有根据,又合乎其思想的规则,形成了一条独特的运动轨迹。

遵循通常的理解,滕尼斯将这一轨迹分成三个时期:第一个时期是尼采在叔本华与瓦格纳的精神感召下创作艺术哲学作品,包括《悲剧的诞生》与《不合时宜的沉思》;第二个时期是尼采致力于解构道德,从《人性的,太人性的》到《快乐的科学》等作品乃该时段的标志;第三个时期始于尼采创作《查拉图斯特拉如是说》,终于他的精神崩溃。在《论尼采崇拜》里,滕尼斯如此概括此思想进路:

> 这三个时期表现为一个圆圈式的循环,一个从原点(Ursprung)出发又返回原点的运动。这个发展并非封闭的,它内在又是未完成的。然而它不清楚、

---

① Ferdinand Tönnies, "Brief an Elisabeth Förster-Nietzsche", in *Der Nietzsche-Kultus. Eine Kritik*, hrg. Arno Bammé, Wien: Profil Verlag, 2012, S.159.

充满预兆,正如其开始就是终结。①

很明显,在这段精巧的评论背后,滕尼斯有意地模仿黑格尔的"哲学是个圆圈"的经典说法。他很清楚,从苏格拉底经基督教再到黑格尔,西方形而上学都在按照一个封闭的回路运转。用尼采的话说,这个封闭的回路是苏格拉底主义的演绎,它以一个永恒不变的超感性的"根据"(Grund)与"目的"(Telos)为最终基础,而尼采正站在整个西方传统的对立面。如何理解尼采站立的新起点?它又在何种程度上完成了对西方传统的颠覆?

滕尼斯解读尼采把握的核心线索即新圆圈的原点同运动轨迹之间的关联:一方面,尼采的原点自身的真理性有待被揭示,与此同时,从原点展开运动,运动的开放性与协调感彰显的合理性有待被言说;另一方面,它因摆脱理智而不清楚、矛盾,甚至自身交托于预感(Ahnung)的成分应当被拒斥。如此一来,理解尼采原点的意义,无疑是头等重要的工作。滕尼斯非常有创见性地看到,尼采所站立的起点不能单纯在形而上学内部解释,而要诉诸近代文化整体结构的转变,特别是19世纪末自由主义文

---

① Ferdinand Tönnies, *Der Nietzsche-Kultus. Eine Kritik*, hrg. Arno Bammé, Wien: Profil Verlag, 2012, S.29.

明及其伦理意识的衰落。这是滕尼斯作为社会学家的独特洞察力!

自16世纪以来,自然科学世界观孕育了经济的资本主义和政治的自由主义的实践潮流。用滕尼斯的话来讲,自由主义就其普遍特征而言即自然科学世界观的政治形式,是商业生活倾向的政治表现①,它要谋求政治权力,建立民族国家和共和制政府,因而将武器对准了旧贵族、封建主和教会。直到19世纪中叶,欧洲各国大体完成民族国家的构建进程,然而随着国内资本主义工商业的发展,自由主义也在自身之中孕育出自己的对立面,即工业劳动者阶级。就像黑格尔的主奴辩证法揭示的,劳动者阶级在发展壮大的过程中既吸收了资产阶级的启蒙成果,又在形成自己的权力意志。

对应社会结构的转变,知识与观念结构也发生了改变。同17世纪自然法的形式逻辑不同,从18世纪到19世纪,无论自然科学还是哲学与历史学,都经历了一种生成论或发展学说的转向。自然科学的聚焦点从普遍的几何学和物理学过渡到有机生命领域,与此对应,哲学思维也由有机论占据绝对核心的地位,从圣西门和孔德撰写的关于人类知识进步各阶段的著作中,我们得以一窥欧

---

① Ferdinand Tönnies, *Der Nietzsche-Kultus. Eine Kritik*, hrg. Arno Bammé, Wien: Profil Verlag, 2012, S.14.

洲知识分子理解科学格局变革的一般观点。整体而言，19世纪的哲学精神多少可以用达尔文物种起源论的设定来概括：一切有机生命都有其脱胎的母体，它们既是统一体，又彼此关联，处于不断生成、新旧交替的过程之中。[①] 欧陆社会学即诞生于这一思想背景，它聚焦社会体的事实与发展，可以说同有机论学说相依傍。

此时，马克思发动了思想的变革。尽管他本人拒斥社会学的提法，然而他的理论遵循的确乎是演化论规律。滕尼斯敏锐地指出，马克思将社会学改造为针对自由主义的武器，因为它揭示了当前经济生活和资产阶级文化的矛盾，并公开呼吁淘汰现存秩序。的确，过去的自由派倒转成保守派，为了统治的利益，甚至同过去的敌人即王朝、贵族和教会团结到一起，他们惧怕有机论或演化论的科学昭示的他们的统治必将被取代，因而只抓住了科学里最冷酷的部分——技术，拼命以生产、资本、武器增加安全感。对此，滕尼斯戏称这个世界已成为暴发户（Parvenus）居住的星球：

> 那些自称"保守主义者"的人，在历史上其实是第一流的革命者……但如今，他们成了最害怕自然

---

① Ferdinand Tönnies, *Der Nietzsche-Kultus. Eine Kritik*, hrg. Arno Bammé, Wien: Profil Verlag, 2012, SS.14 - 15.

科学的人,因为自然科学教导说,人类起源于面目可憎的野兽,公爵与王侯也不免于此,这样一来,它就使人民不再信赖他们,而且就像他们设想的那样,不再服从他们……因为社会科学包含着对市民阶层(Bourgeoisie)的批判,它意味着否定之否定。①

在他看来,作为同时代人,尼采和马克思既站在同样的历史起点,亦面对相似的困境②,一言以蔽之,他们都是19世纪哲学的产儿。如果说马克思将唯物主义传统诉诸无产阶级的革命,通过改变经济关系更新上层建筑,那么尼采则从艺术和生命出发,把枪口直接对准现代文化:现代文化发展到今天,技术支配了人们的头脑和生活,无论人的审美能力还是伦理精神都陨落了,艺术和伦理是一体两面的东西,它们的本质是整体性、协和感,有其自身的客观规则,除了自己再无其他外在的目的。而堕入保守的自由主义却不断用分化的逻辑对待人心和生活,用个体的意见取代审美的法则,用主观的利益瓦解伦

---

① Ferdinand Tönnies, *Der Nietzsche-Kultus. Eine Kritik*, hrg. Arno Bammé, Wien: Profil Verlag, 2012, SS.17 – 18.
② 将马克思和尼采置于同一语境来理解正是滕尼斯非常独特的视角。对比二人,滕尼斯认为尼采并没有达到马克思的批判力度,因为他抽空了事实的关系;然而尼采比马克思更宽广地触及文化的议题,更重要的是他提出人的教化的可能。

理的客观精神,于是乎,世界彻底衰老了。

正如青年尼采在《作为教育者的叔本华》里借用爱默生的格言,称上帝让叔本华这位思想家来到我们的星球,鼓起风浪使一切旧价值毁灭,青年滕尼斯眼中的尼采也是如此。相较之下,叔本华更像是转折时代的铺路人,用意志的悲观主义吹散黑格尔的"陈腐气息"①,而尼采则是彻底的"意志的乐观主义者"(Optimismus des Willens),无论他的哲学还是他的行动,都证明了自己是同衰老文化逆向而驰的青年人。

滕尼斯认为,反对老年文化的"青年信念"(Jugendgesinnung)是尼采根本的伦理意识。正是在如此的逆向潮流里,他成了这个时代最突出的文化标签。从这一同平庸相对的精神气质中,滕尼斯把握了积极践行自由之道,它的底色既非1848年后的普遍怀疑、迷茫、孤独与厌世,又非1890年后愈演愈烈的迷醉、疯狂,而是快乐、愉悦和对苦涩与失望的嘲弄:

> 毫无疑问,这种强壮的心志是通过尼采的新哲学被人强烈地感受到的;人们从中听到了创造力的福音、天才的呼吁、头脑狭隘的权威们陷入迷醉后的

---

① 尼采:《瞧,这个人:人如何成其所是》,孙周兴译,商务印书馆2016年版,第76页。

辱骂以及对传统观点的不满,反对的声音仿佛一件灰暗的长袍,遮盖了真理的身躯。他们感受到自由的精神,而自由的精神赋予被压制、被误解的个体生存的权利,让他们成为其所是者,让他们冷静而骄傲地追随更高的知识和良知。①

尼采就是这样的天才,他从不蜷缩在书斋里享受内心的隐秘冲动或者逃避纷争,相反,他崇尚罗马战士,更准确地说是罗马篡位者,永不停歇地向着他所蔑视的人物与事物开战。他一点都不避讳自己民族的糟糕和败坏,甚至在他看来,德意志民族性恰恰是最亲和于现代文明之腐朽面向的事物,是他首要面对的敌人。自始至终,他的写作都离不开从一个世界人的角度嘲弄、蔑视所谓"德意志性"。

自从路德掀起宗教革命,德国人的教养之路便是从人的本能深处建立比有形教会更严苛的宗教囚牢,此后的唯心主义运动不过是将这一教养的逻辑推到极端,教导我们彻底无视实在性,去追逐那些彻底成问题的"理想目标"。然而,无论理想目标看起来如何高尚,又和技术、资本有什么实质区别呢?它们都不过是人为造出来的压

---

① Ferdinand Tönnies, *Der Nietzsche-Kultus. Eine Kritik*, hrg. Arno Bammé, Wien: Profil Verlag, 2012, S.20.

制肉体、欲望和艺术的工具,令个人萌生对生命厌倦、力求否定生命的意志,使民族染上非理性的集体神经官能症。经过50、60年代的平庸岁月,当70年代普鲁士的铁蹄践踏欧洲时,欧洲的文化也被败坏掉了,看看为意识形态服务的历史学如何踩在唯心主义的肩膀上粉墨登场吧!我们清楚地见证了"德意志性"的蜕变成灾:

> 德国的历史学家们完全失去了对于文化进程、文化价值的宏大眼光,他们全都是政治方面的笨蛋:不光如此,这种宏大眼光甚至于被他们革除掉了。人们首先必须是"德意志的",是"种族",然后才可能决定历史学中的所有价值和无价值——人们把它确立起来……德国人就得对所发生的、今天依然存在的一切负责,对现在这样一种极端反文化的病态和非理性负责,也就是要对欧洲所患的民族主义这样一种民族神经官能症负责,要对欧洲小国、渺小的政治永恒化负责:德国人使欧洲本身丧失了意义,失掉了自己的理性——他们把欧洲带进了一个死胡同。①

---

① 尼采,《瞧,这个人:人如何成其所是》,孙周兴译,商务印书馆2016年版,第142—144页,部分译法有改动,下同。

对此,不难理解尼采为什么反复提及《悲剧的诞生》的创作背景:1870至1871年炮火隆隆的普法战争时期,正是德国教养的阴霾开始逐渐展示其破坏力的时刻。尼采看似在不合时宜地思考希腊悲剧的起源问题,然而实际上却在解构苏格拉底在希腊文化中的地位。滕尼斯非常透彻地看到:尼采从德国教养乃至西方现代文明,上溯到它们的希腊根基,即由苏格拉底创造的"理论人"形象。正是苏格拉底(或者说柏拉图笔下的苏格拉底)首先区分了现象和理念,相信科学而非艺术能够深入最深的存在深渊。思想不仅能认识存在,而且竟能修正存在。知识的乐观主义者从此醉心于自己剥离出的存在外壳,将通过自己的力量就能成功揭示理念的过程视为最高的快乐。殊不知"理论人"的乐观和自信的背后,是他们最大的自我欺骗,从基督教诞生的时刻到今天,人越把自己拔擢到所谓"理念"的高度,他们的生命力就越衰弱、病态,沦为彻彻底底的末人。

与"理论人"相对,尼采翻转过来的新的价值基础是"健康的本能"(gesunde Instinkt)。单纯从这里看来,尼采与卢梭是亲和的,他们都试图从有别于纯粹理性的自然出发,理解人性的提升和伦理的构建。然而正如尼采所批评的,卢梭的自然完全基于现代平等道德,他本人却要展现一个不同的自然:一种崇高、自由甚至可怕的自然,一种游戏和允许游戏的伟大使命的自然。①

那么尼采是如何讲述这个"健康的本能"的呢?按照滕尼斯的想法,尼采以此为起点,道出了正反两方面的伦理启示。

正面启示是由《悲剧的诞生》这部天才之作展现的。不同于他后来作品的晦涩和混沌,《悲剧的诞生》质朴而深刻,其中蕴含着一种所谓"并行主义"(Parallelismus)的洞见。② 在尼采之前,人们或者根据古今的自然法,将启蒙或自然科学的世界观同中世纪的宗教世界观对立起来;或者根据启蒙时代的美学原则,将古典主义同浪漫主义对立起来;或者根据历史法学,将古希腊罗马的城邦同基督教与日耳曼的帝国对立起来。然而尼采却更深刻地指出:无论古代还是现代,都存在着生命和艺术的并行,它们皆同苏格拉底以来的"理论人"设定格格不入。

不可否认,尼采写作《悲剧的诞生》,本身就是通过叔本华和瓦格纳的思想照亮古希腊人的艺术世界。在古希腊人那里,阿波罗精神和狄俄尼索斯精神不仅代表了两种艺术的风格,更代表了两种生命的样态:前者通常表现在造型艺术(史诗与多利安建筑)当中,展现着个体适度、

---

① Ferdinand Tönnies, *Der Nietzsche-Kultus. Eine Kritik*, hrg. Arno Bammé, Wien:Profil Verlag, 2012, S.26.
② 同上书, S.33。

节制的品格,就像奥林匹斯山诸神般庄严;后者在抒情诗和悲剧合唱队的音乐里诞生,意味着个体的毁灭,万物皆融为一体,回归本原的"太一"。它们彼此对立却又相互交织,甚至实现了一种表与里的平衡:希腊人正是认识到了生命的虚无和痛苦,于是借助光辉的形象来陶醉和遗忘。

尼采在阐述悲剧时代的希腊人时,处处都表露出叔本华的哲学和瓦格纳的艺术的影子。到了《不合时宜的沉思》,叔本华和瓦格纳被他看作扫除衰老文化、讲授真文化的教师,他寄希望于当下德国哲学和艺术的复兴来恢复生命的完整,叔本华的意志哲学尤其给了他颠倒柏拉图主义的工具。我们知道,叔本华对康德哲学做出的重要推进,便是将不可知的物自体变成涌流的意志,表象则是意志在时空和因果关系中的客体化产物。可无论如何,表象都摆脱不了生生不息的生命意志之流,人只有借艺术产生的表象来短暂地遗忘生命,但最高贵的艺术即悲剧则在最深层次触摸到生命的偶然、可怕和虚无。①叔本华的表象与意志的关系,正像希腊人的阿波罗精神与狄俄尼索斯精神的关系。他们用艺术表现世界的存在,唤起对生命意志的根本意识,经叔本华与瓦格纳的教诲,未来的德国精神和过去的希腊悲剧精神成为并行的

---

① 叔本华:《作为意志和表象的世界》,石冲白译,杨一之校,商务印书馆2011年版,第350页。

生命意志之流。

滕尼斯显然深为认同尼采所指引的未来德国精神的发展方向。不少论者甚至指出,他早年的名著《共同体与社会》就是在《悲剧的诞生》的刺激下问世的①,尤其此书里提出的两种意志类型,即"抉择意志"(Kürwille)与"本质意志"(Wesenwille)分别对应了阿波罗精神与狄俄尼索斯精神——一方是个体化原理,一方则是回归本原的冲动。

滕尼斯赞赏尼采发现了作为本原的生命、艺术以及真正的智慧(Weisheit),但尼采的后续思想运动令他沮丧了:每一步既是未完成的,又是不清楚、充满预感的。

在《不合时宜的沉思》之后,尼采逐渐抛弃了叔本华与瓦格纳的基础。因为他觉得,循着他们的道路,与其说走入狄俄尼索斯的世界,不如说让审美或艺术堕入平庸的罗网,沦为彻彻底底的浪漫主义和基督教文化的牺牲品,在《一种自我批评的尝试》里,尼采这样描述他的转变:

---

① Jürgen Zander, "Ferdinand Tönnies und Friedrich Nietzsche. Mit einem Exkurs: Nietzsches 'Geburt der Tragödie'als Impus zu Tönnies' 'Gemeinschaft und Gesellschaft'", in *Ankunft bei Tönnies*, hrg. Lars Clausen und Franz Urban Pappi, Kiel: Mühlau, 1981, SS. 185 - 227.

我根据近来的德国音乐开始编织"德国精神",仿佛它正好在发现自己、重新寻获自己似的——而且当其时也,德国精神不久前还有统治欧洲的意志、领导欧洲的力量,刚刚按遗嘱最终退位,并以建立帝国为堂皇借口,完成了向平庸化、民主制和"现代理念"的过渡!实际上,此间我已经学会了毫无指望和毫不留情地来看待"德国精神",同样地也如此这般来看待现在的德国音乐,后者彻头彻尾地是浪漫主义,而且是一切可能的艺术形式中最没有希腊性的;而此外它还是一种头等的神经腐败剂,对于一个嗜酒并且把暧昧当作德性来尊重的民族具有双重的危险,也就是说,它作为既使人陶醉又使人发昏的麻醉剂具有双重特性。[①]

转变后的尼采以生命为基础,从历史发生学和心理学的双重维度,跃入现代性最核心的议题——道德。在他看来,同印度种姓制"主人"代表的自然的高贵等级与权力意志相对,现代道德则源于"卑贱"的犹太"奴隶",此后由基督教继承并延续到今天:

[①] 尼采:《一种自我批评的尝试》,载《悲剧的诞生》,孙周兴译,商务印书馆2012年版,第13页,部分译法有改动,下同。

犹太人,那个祭司化的民族,善于仅仅通过彻底改变他们的敌人和专制者的价值观,也就是通过一个最精神性的复仇行动,而使他们向自己赔礼道歉。……犹太人曾是这样的一个民族,他们以一种令人恐惧的逻辑性,勇敢地改变了贵族的价值方程式(善=高贵的=强有力的=美丽的=幸福的=受神宠爱的),并且怀着最深的仇恨(虚弱无能的仇恨),用牙齿将这一改变紧紧咬住……犹太人是道德上的奴隶起义的始作俑者:那场两千年前的起义今天之所以淡出了我们的视线,仅仅因为它——成功了……①

换言之,犹太人出于对外部世界的怨恨,颠倒了过去由权势或等级规定的善,用共同的穷困、低贱、无力来重新定义什么是善、什么是恶(所谓"只有悲惨者才是善者")。对此,尼采采用了一种视角转换的方法,将道德的心智规定换作以本能和肉体为标准。② 于是,越在道德

---

① 尼采:《道德的谱系》,梁锡江译,华东师范大学出版社 2015 年版,第 75—76 页,部分译文有改动,下同。
② 滕尼斯将尼采的这一视域转换的契机追溯到雷伊,是雷伊促使尼采破除了叔本华的形而上学迷障,他的经验心理学影响尼采关于肉体先于灵魂的判断。Ferdinand Tönnies, *Der Nietzsche-Kultus. Eine Kritik*, hrg. Arno Bammé, Wien: Profil Verlag, 2012, S.38.

上合乎共同利益的心态,在本能上也就越虚弱、越残缺。基督教的道德是这样,法国大革命以来的诸般社会主义潮流更是变着法子地将基督教的虚弱带入现代人心与社会。

在尼采看来,社会主义的本质无非个体把自己当作牺牲(Opfer)交托到集体手里,要求否定自己,直到适应整体的需要。从基督教延续下来的"同情"(Mitleiden)心理学乃戕害生命的毒药:"若一人在一段时间内进行实验,每天到处寻找同情的机会,他的心灵不断看到周围所有的不幸,这人最后肯定就会变成病态和忧郁的人。"① 相反,尼采呼吁自然的强力和等级差别,由无限肯定生命意志的未来哲学家统治:

> 真正的哲人却是发令者和立法者:他们说"应该如此这般!"是他们确定人类走向何方,目的何在。与此同时,他们拥有所有哲学工作者和所有克服历史者所做的前期劳动的成果——他们将创造的双手伸向未来,而所有现在发生的、过去发生的则是他们的手段,他们的工具,他们的锤子。他们的"认识"即创造,而这种创造就是立法,就是他们求真理的意

---

① 尼采:《朝霞:关于道德偏见的思考》,田立年译,华东师范大学出版社2007年版,第183页。

志——求权力的意志。①

滕尼斯同尼采的世界观冲突就在于此。正像滕尼斯说的,尼采对"同伴"(Genosse)怀有深深的怀疑与厌恶,这源于他对基督教与现代民主制的仇视,然而当他从等级和权力的角度解读道德谱系,完全将犹太与基督教视作现代道德的起源时,他一开始所追寻的"太一"便失去了实在历史的土壤,或者至少并没有讲出历史的真相。

一方面,基督教并不漠视战士的德行,更重要地,天真而辉煌的贵族在历史以及今日仍以不同形态存在,包括"合作社式的、民族的人格理想",以及"教师的人格理想"②;另一方面,过度强调野蛮和剥削,恰恰迎合了当下弥散在官僚和资本家群体里的贪婪和权力欲,导致过分耗费人民的力量,加剧民族生命力的没落。故而滕尼斯直言:

> 一切高贵的精神文化,一切"更高等"的人类存在,当然还有"古典古代"的文化,都是在健康的农民和市民精神的广大土壤里生长出来的。系统而大规

---

① 尼采:《善恶的彼岸》,魏育青等译,华东师范大学出版社 2020 年版,第 168 页,部分译法有改动,下同。
② Ferdinand Tönnies, *Der Nietzsche-Kultus. Eine Kritik*, hrg. Arno Bammé, Wien: Profil Verlag, 2012, S.88.

模的奴隶经济对古代文化而言意味着终结,正如人民系统而大规模的无产阶级化是现代文明的终结。危险如此之多啊![1]

尼采虽然把靶子对准柏拉图主义,但最终仍然证成了柏拉图的胜利,维护哲人统治的等级制。[2] 他肯定权力意志和自然等级制,本身同他心中狄俄尼索斯的"太一"理想不无冲突。换言之,滕尼斯认识到,一旦我们肯定尼采追求生命完整的洞见,承认尼采对犹太、基督教传统同现代危机的隐秘关联的判断,那么我们更需要怀着比较的眼光,全面地探索东西方文化的历史,尤其是日耳曼的共同体生活的历史。这是他在此前的《共同体与社会》一书里提出的思想方案。19世纪90年代以来,随着他参与并主导德国伦理文化学会的事务,他越来越明确要在当下营造"宽和"的伦理精神,这是改革现代社会的要害:

属于这类认识的,还有所谓最高级的思维方式,无异于最可靠的支配手段,而最高级的思维方式意

---

[1] Ferdinand Tönnies, *Der Nietzsche-Kultus. Eine Kritik*, hrg. Arno Bammé, Wien: Profil Verlag, 2012, S.94.
[2] 同上书, S.36。

味着精神与伦理文化(sittlichen Kultur)在思维里占据优势地位,它只能与宽和(Milde)的气质成双配对,由此结出的成熟果实就是温柔而敏锐的正义感;唯有宽和方能赢得爱,赢得唯一可靠的人间纽带,唯有正义感方能唤起敬畏感,才是维系爱、强化爱的唯一工具,亦是维系与强化权威意识的唯一工具。

自觉的伦理思想促使有教养者再次接近人民,教导他们认识自己,以此做有益于自身的内省,而非追逐外在的目标,这同时意味着和传统以及共同体精神重新建立一种家庭般的亲密联系。在其中,个体尤其是脱颖而出者本人及其全部的经济、身体和精神的生命都植根于这一联系里。①

滕尼斯最终还是硬不下心肠,追随他早年的偶像尼采做一个自由的精灵,而是选择了"人性的、太人性的"社会学。

---

① Ferdinand Tönnies, *Der Nietzsche-Kultus. Eine Kritik*, hrg. Arno Bammé, Wien: Profil Verlag, 2012, S.87.

献给我的朋友和青年时期的伙伴

胡苏姆的恩斯特·施托姆

以及

瓦雷尔的卡尔·施托姆①

---

① 恩斯特·施托姆(Ernst Storm, 1851—1913)与卡尔·施托姆(Karl Storm, 1853—1899)为诗人特奥多尔·施托姆(Theodor Storm, 1817—1888)的两个儿子,他们都是滕尼斯童年和青年时代的亲密朋友。(除特殊标注外,本书注释均为中译者注。——译者)

乌云密布的灰蒙天空,

仿佛有千团火焰在燃烧。

你能听到枪炮轰鸣之声吗?

愤怒的呼喊掠过空气;

白雾飘飘荡荡,

兄弟们起起落落,

上高天,下深坟!①

——特奥多尔·施托姆

---

① 这里选取了施托姆《旅行谈话之后》(Nach Reisesprächen)一诗的一部分,原文为: An dem grau verhangnen Himmel/Zuckt es wie von tausend Flammen./Hört ihr, wie die Büchsen knallen?/Wutgeschrei durchfegt die Lüfte;/Und die weißen Nebel wallen,/Und die Brüder stehn und fallen-/Hoher Tag und tiefe Grüfte! 这首诗是施托姆参与1848年革命的证明。

目录

序言 /001

第1节 /005

第2节 /007

第3节 /010

第4节 /016

第5节 /021

第6节 /024

第7节 /027

第8节 /032

第9节　/036

第10节　/041

第11节　/044

第12节　/046

第13节　/054

第14节　/065

第15节　/070

第16节　/075

第17节　/078

第18节　/080

第19节　/098

第20节　/101

第 21 节 /105

第 22 节 /110

第 23 节 /116

第 24 节 /130

第 25 节 /132

第 26 节 /145

第 27 节 /151

序言

本书希望批评尼采的观点和错误，以及随之而来的尼采崇拜现象。之所以这样做，是因为它们对我而言具有特别重要的意义。在几乎没有人（除了尼采自己圈子里的人）知道他的时候，我就对他很熟识了。他最早的一批著作①问世之时，我才 16—20 岁。他向我诉说了许多，我渴望去理解他，同他一起感受。在他的指引下，我满怀敬畏地接触了叔本华的哲学和瓦格纳的艺术。但他突然地背离二人，至今令我十分不解，在我看来，他从一个更深刻的观点转向了一个更肤浅的观点。尽管如此，我仍然很兴奋地阅读了他最近的几部著作，并且从中感受到了激情和快乐。我常常惊奇地发现，自己的思想是多么同尼采契合，但随即觉得他的文化史（Kulturgeschichte）观点非常不充分，虽然我感到他早期的著作似乎有深度，但与其说这一深度意味着认识的深刻，不如说意味着情感的深厚。于是我走上了有别于他的思想道

---

① 指尼采的两部早期著作《悲剧的诞生》(1872) 和《不合时宜的沉思》(1873—1876)。

路，从一开始，我就满怀疑虑和忧惧地审视尼采思想的最近发展，即便我感到自己无力抵御他的修辞和诗性的才华。的确，他的"永恒轮回"（ewige Wiederkunft）思想如启示一般，在我的内心里呼喊着。但他最近的几部著作就主要的内容而言，呈现的乃是极其丑陋的画面：一副扭曲的面孔，常常在醉鬼、小丑、怀疑分子……总之是颓废者（Dekadenten）那里看得到的姿态。

要说尼采的著作会给青年人的心灵留下深刻的印象，我一点也不惊讶，因为其中蕴含着一个强大灵魂施展的魔法。如果人们足够健康地、审慎地对待尼采的魔力，那么他们的心灵就不至于受到伤害，而是保持着积极开朗的性情。思想上的享受无疑受制于思考者自己的思考经验，他对书本和事物的广泛知识，他的趣味、享受力和批判力的成熟程度。缺乏这些前提的话，读者就只会将尼采当成时尚作家（Modeschriftsteller），去关注他的口号、过度的激情以及错误；因此，我们要提防尼采，更重要地的是提醒他那些肤浅的追随者们，告诫他们培育思想是件极其严肃而安宁之事。但显然，我们今天的"世界"越来越像一座巨型的工厂，人们身处喧嚣和阴霾之中，只有极少数的人能够或者说希望严肃地看待培育思想这件事，享受平静思考的乐趣。

但如果无人能逃离尼采思想的影响，如果求知欲旺盛的青年急切地想要知道，超人（Übermenschen）这一新学说到底是怎么一回事，贵族的价值评估和"超善恶"（jenseits von gut und böse）的价值颠倒是什么意思，"主人道德"（Herrenmoral）又有怎样的意味……那么我的回答就是：我的朋友们，他确实没讲出多少东西来。你们可能会享受尼采的作品，包括他近期几部浸透了毒药的著作，你们可能从他那儿学到一些东西，但前提是你们必须下决心就同样的主题，从其他人那里汲取更基本的内容。尼采既没有像本来应该做的那样，深入地、连贯地思考人类和文化的问题，也没有站在认识的最高峰。可能现在没有哪位作者能完全平息你们探求普遍的、最终的真理的渴望。然而这不是必需的，没错，我希望跟你们说：探求真理的渴望不应被消解。保持你们的"美好的"渴望吧，相信它必然存在以及它的价值，让它陪伴着你度过迷乱的生活；如果你们正忍受生活的摧残，那么就想想，许多人和你们一道在忍受，还有许多人在你们之前就承受过苦痛。我们今天需要的总是新的领会、新的启蒙、新的深刻。我们需要一个哲学的共同体（Gemeinde），它致力于就根本的原理，因而首先就事物的命名以及所有方面的"善与恶"达成一致并且确定地相信它们。

但相比知识，意志或者性格对于我们而言更为必要。我的朋友们，这就是哲学，在这里借用尼采式的腔调来说,哲学即朝向知识的善良意志,而非认识本身。因此真正的科学意味着适应人类历史每一次的、最切近的经验,故而善良意志会去怀疑一切狂暴且令人眼花缭乱的一般性说法(Verallgemeinerungen),去怀疑所谓"今日的智慧"①,怀疑自身幻想的倾向和迷乱的想法……

在这本小册子里,我谨呼吁小心、审慎和冷静的态度。

如果尼采在你们头上竖起新标牌"变得坚硬吧"②,而这句话又道出了他的全部实践智慧,那么我就要抗衡地立起一块老法版,它上面写着:"哦,人啊,记住,你就是一个人!"③

斐迪南·滕尼斯

汉堡齐默大街34号

---

① 影射尼采的格言体作品。
② 尼采:《扎拉图斯特拉如是说》,娄林译,华东师范大学出版社2022年版,第421页。
③ "看你后面;记住,你就是一个人!"(Schau hinter dich; bedenke, dass du ein Mensch bist!)出自早期基督教作家德尔图良(Tertullian,160—225)的作品。在罗马的凯旋仪式上,奴隶会把月桂花环戴在胜利者首领的头上并在他耳边低语这句话;这句话也常常被用作死亡警告(Memento mori)。

第1节

奇事—爱默生—近代

一位哲学作家的作品被很多人阅读,这本身就是件奇事。要是很多人极狂热地阅读他,要是读者认自己为他的门徒,要是他的思想被当作解放和启示之言,要是人们坚信,自己从一位思想家身上发现了人生旅途的指南,那么又会怎样呢?

这是如此不同寻常,以至于人们会想起爱默生的一句话,而弗里德里希·尼采在他的一本早期著作里也提到过:"你们要留神。"爱默生说:"如果伟大的上帝让一位思想家来到我们星球的话。在这种情况下,一切都处在危险之中。这就像在一座大城市里发生了一场火灾,在那里没有一个人知道,究竟什么是安全的,以及它将在哪里结束。此时在科学中没有任何东西不可能在明天经历一场逆转……在这一刻对人类来说的一切珍贵且有价值的事物都必须归因于上升到人类精神视域的理念,它们产生出当前事物的秩序,正如一棵苹果树结出它的果实。一个新程度的文化会迅速地使人类努力的整个体系经受一种彻底的变革。"①

至于这些句子所含的历史哲学观点是否准确,我不置可否。但至少可以肯定的是,当今时代对于宣扬新的或看似新的理念非常便利;"一个新的文化等级"正猛烈地昭示自身,而且尼采作品在今天的成功,也应当被视作文化更新的标志;在许多追随者看来,尼采的教诲是那么新颖,那么具有颠覆性,正像爱默生的话彰显出来的那样;尼采的著作仿佛在世上点燃了熊熊大火。

---

① 出自《不合时宜的沉思》第3篇《作为教育者的叔本华》。这里提到的爱默生的话,来自《尝试》的德译本,由法布里乌斯翻译,汉诺威1858年版,第237页,尼采引用时做了删节。尼采:《不合时宜的沉思》,李秋零译,华东师范大学出版社2007年版,第340页,部分译法有改动,下同。

第2节

资本主义—政治—自然科学

对于一位像齐德赫①这样每隔100年便踏上欧洲土地的人来说,任何所谓"新观点"或"颠覆性的看法",都不被看成新东西。

16世纪的深刻动乱摧毁了西方文化的信仰土壤,到了17至18世纪,一种自由的、科学的思维方式首先在新教国家,但同时在古老的教会统治区域迅速而成功地赢得了自己的地盘。它征服了正在发展的民族社会和民族国家中的佼佼者(Häupter)。皇家与贵族渐渐接纳了自由的科学思想,紧随其后的是市民阶层里的上流人物,然而他们一开始采取小心翼翼的态度,谨慎地运用着科学思想,一点点地推动启蒙朝着纵深发展。

这种情形就其一般特征而言,完全可用一些自然的、简单的原因来解释。财产和闲暇在很大程度上促进

---

① 齐德赫(Chidher,又被写作 Chidhr),在阿拉伯语里被称作"绿人"(der Grüne),是伊斯兰文化里的一个传说人物,他始终在漫游,直到审判日还是不老之人。德国诗人弗里德里希·吕克特(Friedrich Ruckert)曾写诗讲述过齐德赫的故事。

了科学思想的胜利,它们甚至形塑了知性(Verstand)的规则,促使人们获得同实践生活没有直接关系的知识。那些作为引领者的人必须预先更深刻地看到、听到、知道要去做什么,必须掌握活动的领域。尤其经营大型事务者,无论他们是商人还是国务活动家,一定习惯于怀疑、研究和批判。他们掌握了一种清醒的思维方式,让自己遵循冷静、实事求是的态度,致力于对客观事实的研究。

从本然的和隐喻的意义上说,这几个"进步"的世纪的中心之意乃是运动(Bewegung),即合乎计划地积聚、汇合、规制民众的力量,破坏并重新组织它们,融通并为它们的发展提速,夷平进而凝合它们,总而言之,这几个世纪是变革的资本主义和革命政治的世纪。

科学必然促进且帮助了资本主义和革命政治的发展。科学的首要意图是认识自然,它是测量、控制日常过程的工具。

人利用科学统治、超越自然,将自然变成可被计算的对象,便同人依赖自然的情形截然相反。也就是说,人不再被动地感受和依恋自然,不再幼稚地服从自然力量。而任何民众宗教(Volksreligion)展现出的生动的、奇幻的现象说到底,无非意味着人受制于自然,基督教的学说甚至将此变成伦理教谕,没有任何伦理学能摆脱基督教的影响。科学和宗教的大冲突体现了思想领域的斗争,它又代表了旧的等级同新兴阶级在物质利益方面的竞争,竞争以多种多样的形式以及形式的结合展开。

第3节

工业劳动者阶级—技术的进步—生命的科学—发展—哲学—社会学—社会学的敌人—保守与自由—社会学思维—对伦理与宗教的尊敬

在本世纪①初,诸王朝与贵族阶层为了维护自己的利益,将自己视作反对革命者。他们选择站在教会一边,他们知道自己正受着市民阶层的攻击、自己的力量正被削弱,他们意识到有利于自身的观念正被自由主义的思想摧残着。自由主义就其普遍特征而言,乃是自然科学世界观的政治形式,是商业的生活倾向的政治表现。

然而到了本世纪中叶,市民阶层的母腹里孕育出它自身的反对者和批评者,即工业劳动者阶级。

作为无产者且隶属资产阶级的人,工业劳动者吸纳了启蒙运动的思想果实。他们继续推进自由主义运动,但与此同时,他们发展出自由主义的对立面,充当斗争的结果,他们为着自己的自由、为获得社会与政治的权力而

---

① 指19世纪。

斗争,并且逐渐赢得自觉的意识(Bewußtheit)。不过一开始,他们是靠汲取一些独立思想家的思想来实现的,他们为此献身,并努力地塑造、强化、传播着这些思想。

不止如此,为了促成这些结果,自然科学不断地扩展、实现其引领生活的技术,为人类共同生活创造了新的条件和问题,对人类生活起着革命性的影响,相较之下,革命性的政治学则远远滞后。

然而最新的自然科学知识同上两个世纪的自然科学知识,在很大程度上是不同的,它更深地渗透至实际的生活之中。它努力地去理解事物的生成和发展,并且已经取得一些成果。

沿着自然科学的道路,哲学的思辨一再如往日那般,以冷静的理论构建和推导方式,促进了自身的发展。通过研究物种的起源(Abstammung),哲学实现了自己先前设定的目标,即得出一切有机生命的统一的、相互关联的理论。人们通常将这一理论归结到达尔文那里,正是达尔文为物种起源学说提供了独特的、精确的基础。

康德、费希特、谢林、黑格尔和叔本华的哲学,同样还有最近盛行的、直接依附于自然科学的孔德与斯宾塞的思想体系,统统表明了它们的"一元论"内核。

不过它们仍然需要一个最终的综合,在最近一段时间里,一些重要的征兆已显露出来,所有思想家对此的要求越发迫切。

这些思想体系里最新颖、最善变的因素,乃是发端于生物学并关乎人类共同生活之事实与发展的学说,即社会学(Sociologie)。如今,我们正靠近新世纪的门槛,假如现实的迹象没有欺骗我们的话,那么我们可以说,社会学正向着成熟阶段迈进。

现代文化明显在日益瓦解,由此催生出的许多思想,恰恰强有力地滋养着社会学的发展。

社会学是由新的社会阶级来承担的,他们希望摆脱旧的统治者,或者由旧的统治者转化而来的统治阶级,他们自告奋勇地相信可以凭借着自己的力量,在最深刻的基础上更新现代文化。

最直接地受社会学攻击、批判的统治阶级里的一部分人,即便尚未获得完全的专制权力,却充当了新近社会学最凶狠的敌人,他们尤其猛烈地攻击着社会学所基于的经济理论。他们恐惧自身主导的社会秩序遭受抨击,恐惧他们的财产权被发展史的学说消解,他们对社会学思想的肆无忌惮惊恐万分,因为社会学将自身的神圣权利"置于发展之流里"。

除此之外,这帮人从艰险而严肃的科学氛围里撤退出来,躲藏于温暖的教会权威传统的祭坛背后。他们同王朝与贵族一道行进(ralliiert)①;他们让自己依从那些合法地继承了荣耀的暴发户的践踏,心满意足地蜷缩于看似安全的祖先怀抱之中,享受着宽容和庇护。

故而我们正在接近一出奇特的戏剧——尽管它还处在不确定的情形里,即全体科学都被统治阶级抛弃了,而他们本应为科学的提升与巩固做出自己的贡献,反倒只有无产者,尤其是他们的文学领袖和佼佼者,致力于从根本上发展科学的世界观及其一切成果,虽然他们还没有能力完全靠自己的力量来做这件事,虽然他们没有经历纯正且完整的人文教育,但是他们确定无疑地知道保护科学,抵抗各种扭曲了的形式。

那些自称"保守主义者"的人,在历史上其实是第一流的革命者,他们一方面摧毁着农民阶层,另一方面充当了王侯绝对主义的同盟②,但如今,他们成了最害怕自然科学的人,因为自然科学教导说,人类起源于面目可憎的野兽,公爵与王侯也不免于此,这样一来,它就使人民不再信赖他们,而且就像他们设想的那样,不再服从他们;它就使流动的资本赢得了优越的地位。这些人反倒更倾

---

① ralliieren 为旧式词语,指将分散的群体聚合到一起。法语词 ralliement 特指 19 世纪末天主教会同法兰西共和国的联合。
② 滕尼斯在这里的意思是,现今的保守主义者曾致力于摧毁封建等级秩序:一方面打击农民阶层,提振市民阶层的力量;另一方面联合绝对主义王权打击封建贵族,建立现代民族国家。

向于接受社会科学,因为社会科学包含着对市民阶层(Bourgeoisie)的批判,它意味着否定之否定。

"自由主义者"则仍然坚定地信赖自然科学,并没有放弃它。他们尝试调和自然科学与教会信仰,或者一旦自然科学造成精神的震动,给他们的统治带来不利的影响,那么他们就会尽最大可能让科学为自己服务。然而他们满怀仇恨地看到,社会科学的发展同他们渐行渐远,走入"迷途"(Irrwege)。他们谴责社会科学的革命性格,正像格拉古兄弟①控诉暴乱那样。他们恐惧地察觉出,真正的社会科学思想开辟了实证的、综合的、共同体的发展道路。

我们还会在下文讨论这一神秘却极有意义且必然的发展道路。

社会学思想绝非为了自己的利益而赞美启蒙、智识或任何一种自由,它无条件地要去做的事情,仅仅是揭示旧文化解体的过程。如果可能的话,旧文化解体必然预示着一种新的、有机的文化诞生。从批判的视角来看,理论、技术和商品生产支配着我们的生活,这同时意味着艺术的衰落,或者说人类共同生活(Zusammenleben)的最

---

① 指提比略·格拉古(Tiberius Gracchus)和盖约·格拉古(Gaius Gracchus)兄弟,他们是公元前2世纪罗马共和国著名的政治家、平民派领袖,因发起有利于平民的土地改革运动而揭开罗马内战的序幕。

完善形态和最高贵实践的解体。事实上，共同生活的智性活动除为着它自身的目的外，别无他求，而且它的本质乃是服务于整体与和谐。同样，个体与他的利益心、他的精心计算、他的主观想法和知识，通通意味着客观精神的没落。客观精神曾体现为习俗(Sitte)以及共同生活内含的准则，它也曾为人类的思考赋予尺度。从历史来看，它为人类信仰的体系铭刻下自己的印记，并给予人类诸宗教多种多样的民间形式和规则。

不止如此，19世纪的全体哲学因从历史的高度，公正地尊重了宗教、习俗、艺术以及所有从故土流传下来的智慧和实践，而预先照亮了社会学的发展之路。假如说这种尊重似乎有益于等级制的、保守主义的心态，那么它在其正发酵着的批判的、实证主义的思维方式里，已孕育出自己的真正果实；它不再妄想能造出什么事物，而毋宁掌握一套决定性的苏格拉底式的思维技艺，即助产术(Geburtshülfe)，在此基础上，它明确了自己的任务，而卡尔·马克思正是第一个用这套方法研究社会的人。助产术的技艺意味着减少必要的生产过程里的痛苦；否定之否定于是变成了它所立足的科学的本质。

第4节

不安与扰乱—青年—尼采的吸引力—爱国主义—权力意志—矛盾—统治地位

但是在本世纪的飓风中,所有驾着自己的小船、希求在今日科学的海洋里开辟出一条道路的人,毫无例外地陷入了极其不安和纷乱的境地。他们不再知道自己从哪儿来,又要到哪儿去,环绕着他们的是日报的陈词滥调,是鼹鼠们的庸俗且市侩的见解,他们既不想也不能看到日光,每天无非四处逡巡、寻找、发问,却也不免陷入绝望,他们常常像鬼火般游走,常常停靠在毫无所得的海岸。

在一个衰老的、知识过饱的和受到规制的文明世界里,要变得年轻不是件容易的事情。假如你们希望坚持这套文明的话,它就会让你们过早地变得理性和老成,它使生活工具成为支配生活的主人,它使你们嵌入受它役使的境地,让你们沉沦于贫乏的闲暇状态,用模糊的、廉价的和陈腐的产品扼杀你们的活力。但青年总希望变得年轻,去呼吸清晨的空气,满怀期待地憧憬未来,梦想着发展自己,去创造新的作品。歌德写道:

总是向着远方,

穿越各国、跨过海洋,

幻想着去更遥远的地方,

在海岸边穿梭游荡;

经验常新:

心怀忧虑,

痛苦乃青年的滋养,

高唱神圣的赞歌,流出幸福的泪水。①

像这样的青年心态(Jugendgesinnung)适于所有真正的、深刻的艺术家心灵,是他们一生的精神财富。自由是他们心灵的基本要素,即便遭受一切"痛苦的滋养",他们仍能敏锐地嗅到欢乐的气息,渴望追寻快乐,嘲弄失望的情绪。毫无疑问,这种强壮的心志是通过尼采的新哲学被人强烈地感受到的;人们从中听到了创造力的福音、天才的呼吁、头脑狭隘的权威们陷入迷醉后的辱骂以及对传统观点的不满,反对的声音仿佛一件灰暗的长袍,遮盖了真理的身躯。他们感受到自由的精神,而自由的精

---

① 本诗名为《焦灼》(Ungeduld):Immer wieder in die Weite/Über Länder an das Meer/Phantasien in der Breite/Schwebt am Ufer hin und her/Neu ist immer die Erfahrung/Immer ist dem Herzen bang/Schmerzen sind der Jugend Nahrung/Tränen seliger Lobgesang。

神赋予被压制、被误解的个体生存的权利,让他们成为其所是者,让他们冷静而骄傲地追随更高的知识和良知。这就像一个中心(Brennpunkt),让尼采的贵族思维方式同民主的激愤情绪在此相遇。民主的激愤情绪植根于劳动阶级的意愿及其不满,他们争夺着精神发展的自由权利,努力地摆脱继承而来的习俗与观念的巨大负担,希望通过营造全新的、更理性的机构来夺取权力,为思考更完善的生活开辟无限的视角。在这里,就像艺术家本人的信仰所呈现的,希望成为义务,怀疑沦为罪恶。当然,统治阶级里的政治思想家(politisch Denkenden)也渴望表达对自由的热爱,自由或希望仿佛一个强制性理念,即便他们最终没有将此表述为爱国主义理念。正是因为这些政治家的全部生存境况和尊严皆系于国家,所以他们很难逾越爱国主义的界限,反之,国家的统治越清醒、越冷静,它就越欢迎由它发动的大众的热忱情绪(Enthusiasmus)。这样一来,一种奇特的关联体产生了:这个人一面是具有彻底的国际意识的人,另一面是误解甚至蔑视德意志性(Deutschtum)的人,他道出了德意志性的秘密和"精神",那些标准的、典型的德意志人,只要没被揭发为犯罪者(Verbrecher),便会大声地鼓吹、热闹地欢庆自己的优越性。但是经无偏见的判断,我们必须承认:在那些年轻的德意志人里,无论政治家还是艺术家,都具有快乐的、质朴的健康心态,健康的心态意味着嘲弄一切形式化的事物和废话,除了生存和繁衍,别无所求;正是尼采提出了牢固不破的意志的乐观主义(Optimismus des Willens),赋予力量响亮的甚至放肆的话语,而无关本国人士抑或国际人士使用它们,它们仿佛鼓励英勇武士作战的战鼓,也契合于那些希望成为罗马皇帝的角斗士的英雄。

尼采宣称"权力意志"(Willen zur Macht)是世界的公式和生命的公式,而这种朝向权力的意志乃是所有怀揣新思想的人的共同口号,它特别地刻画出如今社会各阶级间日益激化的竞争和对立状态。于是,尼采发自内心地向一切极端者、放纵者、专横者和煽动家诉说着他的想法,这些人常常相互依存在一起。虽然占有统治权力的人和保守党派仍幻想安居于一座封闭的旧世界观堡垒,但是一位激情洋溢的无神论者、一位哲学家仍然拿起了砸碎所有传统和偏见的锤子,敲打他们,用武器捍卫自己的立场。借此,他明明白白地同传统世界观和虔敬信念分道扬镳,他鼓吹仅仅立足于事实上据有的财产和实际的权力,来满足自己的诉求,其做法如同篡位者,如同恺撒。拥有自觉意识的现代人不再觉得传统事物是神圣的,他们用继承、投机或联姻的方式夺得财产,并适时地利用科学观念,比如说他们参与商业活动和投机交易时,就用了科学观念,一旦失败,他们就会抱怨和中伤科学;换言之,只要他们的利益受损,就免不了让科学背黑锅。但与此同时,对那些尚未准备放弃其优越的社会地位,却已丝毫不相信社会地位的精神强制力,甚至对流行于世的虚伪天然地感到厌恶的人来说,尼采再度给予他们勇气,令他们相信,相较为国民经济方面的可能的差异辩护,为等级差异(Rangdifferenzen)辩护的行为更高贵;他们现在认识到,只要真诚地坦白他们的不信仰以及科学地研究事物的观点,便能捍卫自己在国家的统治地位,而统治权乃是他们人格的必然附属物。

第5节

关联—发展理论—能者生存—获得性特征的继承—竞选—混交的结果

尼采的成功还和尝试利用发展理论(Entwicklungstheorie)有关,发展理论是在世界观上起革命效果的力量,它宣扬捍卫资本主义和所谓的"自由竞争"。尽管社会民主党由此得出结论,指出人就像其他工具和器械一样,最后完全按照科学的规则来组织、完善其共同生活的形式与制度,由此特定的人类素质被提升到一个新的水平上;但是反对者坚信,这些所谓"改善了的形式"实际上意味着倒退,它要靠制造人为的平等对抗自然的不平等,而从自然的不平等中产生出的实际的、合乎期望的结果无非"能者生存"(Überleben der Tüchtigsten)①。正是自由竞争最完美地合乎自然的神圣意志,因为它让聪明者、勤劳者、节俭者和有德者脱颖而出,鼓励他们组建家庭,将他们的优良品质世世代代地传承下去。一个共产主义

---

① 这个概念是滕尼斯对达尔文"适者生存"(survival of the fittest)的德文翻译,不过滕尼斯在此突出的是尼采式的拥有权力意志的强者(Tüchtigsten),故而采用了"能者生存"的译法。

社会又有何不同呢？其中无人再有竞争之心，懒惰在蔓延，愚蠢和堕落无止境地扩散着，这些统统都是平权加上产品平等分配后的必然恶果。

没错，甚至在发展理论体系的内部，"获得性特征的继承"（Vererbung erworbener Eigenschaften）①这一问题也成了各个新兴党派争论的焦点：一方认为，如果这种继承存在着，那么它就让所获得财富的继承具备了生物学意义上的合法性；另一方则认为，如果只有一再更新的竞选（Auslese）能确保一个种类的维持和提升，那么很明显，自由竞争对于促进种族德性乃是必要之举，相较目前的现状，它对人种的发展提供了一个远为广阔的基础。假如由偶然性主导的特征变得更有力量，也就是说，假如超出人类平均水平的个体持续地或总是被社会机构压制，而社会机构总在支持着那些低于人类平均水平的人，让他们及其子孙后代占有最广阔的生存空间，那么从自由竞争的观点看来，像这样的社会机构以及继承法都要受到谴责。一旦废除它们，人类将建立竞技场（Arena），在其中，无论怎样的行动，无论怎样的工作，总归由最具实力、最勤奋者获得奖赏。即便获得性特征被继承下来，

---

① 滕尼斯在此提到的"获得性特征的继承"，出自拉马克（Lamarck）、斯宾塞以及恩斯特·海克尔（Ernst Haeckel）等人的理论，他们认为，获得性的特征（acquired characteristics）可以传递给后代。

所有人在竞争条件上的平等仍然是十分值得向往的情形;但通常随之而来的是胜利者把优胜的品质传给下一代,于是他所获得的外部财富统统变为他天然的附属品:在很大程度上,最有力的素质似乎最受社会青睐。与此相反,如果唯独竞争促成发展,那么性的选择便和自然选择一样具有了最高意义;只有最佳品质的结合才能确保种族的保存,无差别的混交和滥交(panmixie)则导致持续的退步。为了防止这种后果的发生,等级的形成,尤其是贵族统治的区分活动,对于人类社会文化生活起到了至关重要的作用;反过来,一旦继承法不存在了,等级和贵族统治也就不存在了。故而恰恰因为获得性特征不能被继承下来,所以废除继承法是有害的;继承法被孤立对待,孤立又限制了培育活动。于是,像这样的论据和推理既相交,又陷于无解的境地。

第6节

因尼采而来的失望—道德的全部问题—反教育—相反的道德—未成熟

如果某人希望在此作出决断,并且期待尼采的深刻思想平衡生物学和社会学的考量,那么他一定会非常失望。尼采思考了所有这样的问题,但并没成功地贯彻一种思想,或者说并没严格地遵循它。他在后期的几部著作里提出了培育更高人种的狂热要求,但他很少想到要从这一点上检验经济生活的事实以及法律制度的效果。同时,他也从来不问应该增强哪种力量,自由地游戏必须具备哪些特征,"身体的"力量在多大程度上影响和要求着"精神的"力量,或者它们干脆是相互否定的。他简单地将"强大"和"虚弱"、"胜利"和"失败"对立起来,将人类的"更高级"类型描述为"更有价值的、更值得活的、更适应未来的人"。只要他为"摆脱道德"来思考而自豪,那么对他而言,社会发展的所有复杂问题就存乎于道德问题。在他还是13岁的孩子时,"关于恶的起源问题就已经在困扰他了",他再也没有摆脱童稚时代的这个问题……"人们是在什么条件下为自身发明了善与恶的价值判断?

而这些价值判断本身又有什么价值?迄今为止,它们是阻碍了还是促进了人类的发展?它们是否乃是生活困顿、贫乏与蜕化的标志?还是恰恰相反,在它们身上反映出的乃是生活的充盈、强力与意志,抑或生活的勇气、信心和未来?对于这些问题,我已经找到并且是勇于找到某些答案,我对各个时代、民族和个人的等级进行了区分,对我的问题分门别类,从答案中又推引出新的问题、新的研究、新的猜测与新的可能性:直到我终于拥有一个属于自己的国度,一块属于自己的土地,一个完整的、沉默的,却又不断成长的、生机勃勃的世界,就像是无人能够预知的神秘花园……"①最后导致的主要后果是,"道德"表达了一种反教育(Gegenzüchtung)的意志,它有意识地奋力压制更高价值的人种,因为后者"最遭惧怕,它几乎是迄今为止真正的可怕之物——并且因为惧怕,相反的类型被意愿、培育和获取:家畜、群畜、患病的动物——基督徒"②。如果文化方面的巨大影响归结为迄今为止占统治地位的道德,那么很显然,尼采呼吁取消既有的道德,代之以一种相反的道德,肯定会带来无限的文

---

① 尼采:《道德的谱系》,梁锡江译,华东师范大学出版社2015年版,第51—52页。
② 尼采:《敌基督者》,余明锋译,载《尼采著作全集》第6卷,商务印书馆2015年版,第211—212页,部分译法有改动,下同。

化后果。事实上,尼采从来就没研究过,是否他所说的这些被人信仰和训诫的道德学说造成了如此实质的影响,或者会造成如此影响;是否它们仅仅和通行的、国家习惯的道德一致,或者说,是否通行的道德会部分地同国家习惯的道德相互抵消;是否任何一个人都会在毫无矛盾、冲突甚至斗争的前提下接受道德。由于每一个体的心灵要素多种多样,每一个体都是情感和思想的万花筒(Kaleidoskop),而他们组合成的整体的心灵要素的复杂性更是翻倍增长,那么是否能说善与恶不像个体及其结合而成的集体那般多样呢?最后,难道他观察到的,进而指责的道德结果,不是建立在比道德更强大的基础上的吗?

第7节

回返本源—卢梭主义—辩证思想—平等—科学社会主义—拉平化—衰落—尼采思想的模糊性

但尼采的新学说,包括最近文化生活里的一切独特的理论,皆归于黑格尔式的回返本源的思想模式(Rückkehr zum Ursprünge):它想表达的也是否定之否定的原则,它想在理性的基础上重建由健康的本能发现的东西,它歌颂强者,唯独强者能颠覆已经腐朽了的、颓废的人种,它希望通过推崇已经被罢黜了的自然的价值评估方式来重估价值,它宣称我们的目标不是让大多数人幸福,而是让最少数的人幸福,所谓"自然的真理",所谓"幸福",乃是最少数的人享受他们了不起的命运。

随着尼采颠倒既有文化的价值预设,同时完全否定它们——他的学说和社会主义思想有类似之处,尤其同其中最厌恶地拒斥既有文化的人的思想近似——于是它们很奇妙地交杂在一起。这些思想皆在卢梭那里经过了模糊的预演,尽管尼采视卢梭为"第一位现代人,集理想主义者和恶棍于一身的人"①,因此鄙视他,但或许更因为尼采和卢梭太像了,所以才贬低他。因为尼采也承认"我也谈论'回返自然',尽管它其实不是一种倒退,而是一种上升,上升到崇高、自由甚至可怕的自然和天性,一种游戏和允许游戏的伟大使命的天性"②。这里重要的乃是他们二人的基本思想一致,都持辩证的思想,即文化要自我提升,应当被再度提升为自然。卢梭为这个要求发出了最响亮的声音,也收到了最强烈的回响,但其朝向的是理性主义哲学:理性宣称自然物是普遍者,不会被"任意的设定"搞成错误的东西和特殊的东西;普遍者总是被看作早先的东西,但也可被看作后来的东西,即通过洞见(Einsicht)逐渐实现出来的东西。

无论是卢梭这位开启浪漫主义时代的幻想者,还是我们纯理性主义者的典范、枯燥乏味的沃尔夫③,都没发明人类天然平等的信条。它产生于古典时代(Altertum),是作为奴隶制这一社会政治制度的对立面存在的,与此相对,人类天然平等的信条在今天仍有生命力,它变成现代思想共同的组成部分。但它又赢得了新的含

---

① 尼采:《偶像的黄昏》,卫茂平译,华东师范大学出版社2007年版,第176页。
② 同上书,第175—176页,部分译法有改动,下同。
③ 克里斯蒂安·沃尔夫(Christian Freiherr von Wolff, 1679—1754),德国哲学家,理性主义哲学体系的创建者。

义,即作为一个自然存在者(Naturwesen)的人的概念实现了自身;它同超自然的人类起源论相反,虽然超自然的人类起源论很久以来都潜在地存在着,然而它不过是妄念和迷信的附属品,借此,这个世界上的统治者主动抬高或者被他人抬高了地位。由于市民阶层将平等观念作为同贵族斗争的工具,于是平等观念获得了其特殊的、自然的意义,而且随着工业阶层和市民阶层取得和贵族同等的支配权,平等观念高歌凯旋。即便它的胜利进程并未彻底完结,但只要平等的教义表现为政治信条的内容和政治奋斗的方向,它就有多种多样的形态,如法律面前人人平等、政治权利人人平等、政治义务人人平等,最后人类平等地分享社会财物,或者任何共产主义理念所说出的内容。

不过在"科学社会主义"里,共产主义理念本身已经完全同平等教义分道扬镳了,此乃"唯物"史观的真正意义,只是很少人理解了这一点;采纳共产主义理念不再是社会或政治变革的实质原因,因此公开宣称共产主义理念也不再是表明绝对公设(Postulate)的根据;毋宁说,共产主义理念的传播、对共产主义理念的信仰被视作生活或共同生活发展的结果,它独立于共产主义理念本身,而受制于劳动的类型和生产力水平,受制于交通和商业的扩张程度,受制于地区和民族间、城市和农村间、社会等级或阶级间的关系。故而在我们的时代里,平等的观念仍具备如此巨大的、辐射面广泛且持续着的力量,因为它无非从理智的角度表达了一个有力的事实,即我们处在一个社会拉平化了(Nivellement)的时代,每个人都变成其商品的制造者或售卖者,每个人都同所有其他人对立,都同所有其他人关联在一起。那么由社会占有生产资料便不再被视作平等原则的结果或手段,资本家的利己主义导致他们追逐生产资料,他们的利己主义不受任何观念左右,反倒带来商业竞争和联合的法则。因此《共产党宣言》及其附录不受任何自然平等的教条侵犯。[①] 关于这些主题的惯常讨论,包括尼采的思想都是在纯粹意识形态和教条主义的基础上发展起来的;在那些针对资本主义的若干批判性断言面前,他们无力发动攻击,因为他们压根就不懂,故而也没达到论辩的高度。

向往"回返自然"很容易被视作文化疲惫感的标志,

[①] 马克思和恩格斯在《共产党宣言》里这样写道:"在过去的各个历史时代,我们几乎到处都可以看到社会完全划分为各个不同的等级,看到社会地位分成多种多样的层次。"(第31页)"还存在着一切社会状态所共有的永恒真理,如自由、正义等等,但是共产主义要废除永恒真理。"(第51页)"共产党人的理论原理,决不是以这个或那个世界改革家所发明或发现的思想、原则为根据的。这些原理不过是现存的阶级斗争,我们眼前的历史运动的真实关系的一般表述。"(第44—45页)马克思、恩格斯:《共产党宣言》,《马克思恩格斯文集》第二卷,人民出版社2009年版。

显示出一种病态文化和衰老文化的症候。因此今天,麻痹的堕落思想同所有改良和进步的倾向是相伴存在的。"回返自然"的思想也以多种面目从尼采著作里脱颖而出,但是他并没有提供任何在科学上成立的依据。我们将注意到,尼采有时从文化生活本身当中窥见堕落,也就是人性的堕落,而这完全是卢梭式的思想(à la Reusseau)。随后的问题特别是,必须建立对所有文化而言都至关重要的政治秩序,或者用同义的流俗说法来讲——要建立"国家"。这就解释了为什么有人认为尼采的观点应当是从马克斯·施蒂纳①那里来的,将尼采和施蒂纳一道归为无政府主义者。这是多么奇特的碰撞呀!然而大多数时候,尼采十分认同文化,也肯定国家乃强者对弱者的支配,是维护剥削的机构,是权力意志的表现,但道德或者说奴隶道德、教士、犹太人,最后是基督教,继而还有非基督徒的哲学家以及现代观念,统统麻木了人类的神经,造成了文化堕落的罪孽。为了澄清这种充满幻象的、不明确的思想,以及修辞上混乱的观念,我们必须考察它们的创作者的人格还有作品的发展,追溯它们的起源。

---

① 马克斯·施蒂纳(Max Stirner, 1806—1856),本名卡斯帕·施密特(Caspar Schmidt),青年黑格尔派代表,主张唯我论,代表作《唯一者及其所有物》(*Der Einzige und sein Eigentum*, 1845)。

第8节

尼采的青年时代的发展—尼采作为瓦格纳的先知—对叔本华哲学的解释

尼采的人格和作品的发展经历了三个富有特点的时期。这三个时期表现为一个圆圈式的循环,一个从原点(Ursprung)出发又返回原点的运动。这个发展并非封闭的,它内在又是未完成的。然而它不清楚、充满预兆,正如开始就是终结。

在此,我们看到了一种梦幻般狂热的天性。[①] 他对音乐有巨大的热情和极强的天赋,他的性格温柔,随着年龄的增长,他写诗和作曲的水平愈发纯熟。他本是一位寻常而勤奋的学生,在一所顶尖的学校里,将所有的爱倾注于学习古典语言。他又是一位温情脉脉的儿子和兄长,一位轻松愉快的同学和忠实可靠的朋友,他为学生生活付出了一部分心血,却并没有深陷其中;他在音乐会和剧院,在更高贵的家庭生活里寻求着休养和快乐。作为

---

① Elisabeth Förster, *Das Leben Friedrich Nietzsche I*, Leipzig, 1895.——作者

一名聪慧而勤奋的古典学者,他被许多杰出的教师称赞,他的思想也在形成自己的风格。但随后,他对叔本华的丰富智慧震惊不已,迷失于其间且陶醉于其闪亮的文笔。在崇敬叔本华的同时,他同音乐大师理查德·瓦格纳相遇了,受这位大师青睐,并对其奉承有加。

从此时他的内心世界来看,他其实仍是一个未成熟的青年,但极其突然而且过早地承受了教授头衔的尊荣,于是他陷入活动、义务和兴趣的海洋里,后来他被送到民族战争(1870)①的现场,战争有力地激发了他的情感,滋养了他的思想。由此他开启了自己的第一个创作时期,此时的他完全处于魔法师瓦格纳的魔力范围之内;瓦格纳的命令式人格满足了这位火一般热情的青年对爱的渴求,将他束缚在自己的控制之下,役使他为自己服务。尼采希望成为德意志艺术与文化的先知,因此他变成了瓦格纳的先知。

尼采的思想诠释了"作为意志与表象的世界"。作为意志的世界,在美学上的表现即音乐;表象则是这个音乐的文本。图像、概念和言语指示着音乐的"精神"。真实、深刻而且非感性的音乐是狄俄尼索斯式的、狂喜的、沉醉的;可为知性把握的有意义的言语乃是阿波罗式的、透彻

---

① 指1870年的普法战争。

的、梦幻的。在悲剧里,言语都为它的母亲即音乐服务;它揭开了意志的变幻莫测的痛苦,即生命的苦难;它是一声永恒的悲叹,但同时它通过显像(Schein)、造型以及诗歌而成为救赎。悲剧这一最高的艺术作品遭到"理论人"(theoretische Mensch)的反对,理论人的具象表现即苏格拉底,即科学家、非神秘主义者、本能以及艺术创造力的敌人,即逻辑学家与乐观主义者,他使人相信自然是可以探究的,知识或者说科学的精神具备普遍的救赎能力。后来的希腊文化、亚历山大里亚文化和整个现代文化都是在理论人的标志下存在的。神话与悲剧将从音乐的精神里再次诞生。建立在认识基础上的希望变成断念(Resignation)。歌剧的基本原则同我们的亚历山大里亚文化一样,和歌剧截然相对,真正狄俄尼索斯式的深刻保留在德意志音乐里,在亚历山大里亚文化看来,狄俄尼索斯精神是可怕的、神秘的东西,亦是过于强大的敌人。德意志哲学来自和德意志音乐相同的源泉,康德和叔本华通过证明科学的苏格拉底主义的界限,消灭了苏格拉底主义那种自满自足的定在快感(Daseinlust),又通过这种证明,"开创了一种关于伦理问题和艺术的无比深刻而严肃的考察,对于这种考察,我们可以径直把它称为用概念来表达的狄俄尼索斯智慧"。"德意志音乐与德意志哲学之间的这种统一性之奥秘,若不是把我们引向一种新的此在形式,还能把我们引向何方呢?而关于这种新的此在形式的内涵,我们眼下就只能根据希腊的类比予以猜度和了解了。"发展的标志即由音乐精神推动的苏格拉底;对于德意志精神来说,这意味着一个悲剧时代的重生,意味着"一个向自身的回归,幸福地重获自身"①……尼采带着这样的幻觉来解释瓦格纳的艺术;作为瓦格纳的神秘团体的成员和解释者,尼采怀揣着希望以及疑虑,到拜罗伊特朝圣去了(1876)。

---

① 尼采:《悲剧的诞生》,孙周兴译,商务印书馆2012年版,第145页,部分译法有改动,下同。

第9节

《悲剧的诞生》—古代发展与现代发展的并行主义—艺术的运动,科学的运动—世界作为审美现象

《悲剧从音乐精神中的诞生》是一部天才之作。许多年后,它的作者以异样的眼光回过头来看它,做了十分不公允的评价。他用查拉图斯特拉式的诗人口吻,道出一连串的修饰词,他称本书"写得并不好、笨拙、难堪、比喻过度而形象混乱、易动感情、有时甜腻腻变得女人气、速度不均"等等,最后说"这是一本高傲而狂热的书"。① 上述修饰词相遇到一起。不过本书之美的奥秘就在它们所掩饰的矛盾中,也就是说,它关乎一个高贵的确信,即对一种信仰的确信。尽管本书体现出尼采强硬而自负的作风,但是他深刻而丰富的心灵,他单纯和洋溢着青春的天分,使它变得既亲切又动人。

本书包含着一个极重要的真理,同时其新颖的、生动的表述引领读者快乐地逾越许多可疑的思想细节。人们过去以及直到现在都习惯于认为:启蒙的和自然科学的

---

① 尼采:《悲剧的诞生》,孙周兴译,商务印书馆2012年版,第6页。

思想对立于古代教会、中世纪或蒙昧主义、神秘主义以及人们所谓的一切迷信，正如古典主义对立于浪漫主义，或者希腊的理想对立于基督教、日耳曼的理想。但尼采远为深刻地指出了包含在生命、艺术和思想发展进程里的古今并行主义（Parallelismus），虽然他仍有些疑虑，说得不那么清楚，但他的话是意味深长的。他以适当的言辞强度指明一个值得人们重视的现象，即艺术同科学必然发展出对抗的关系，无论就它们的普遍特征还是效果来说，皆是如此。由叔本华预先提出的问题，保留在尼采的哲思主题里，且由他极其丰富地发展出来。尼采的思考本身在艺术与科学之间摇摆，因为他并没成功地塑造应对两方面的能力，他并没成功地统一两者，将科学变成艺术，同时不损艺术作为科学的特征。换言之，哲学发展的制高点正在于此，可尼采并未达到。

然而尼采从对一个艺术党派的无条件的追随者，变成对一个科学党派的无条件的追随者，再反过来，变成对另一艺术党派的追随者——他以自我掌控的、绝对自主的艺术感（Kunstgesinnung），以其幻觉和自负，远远地超越了头一个艺术党派。他从狄俄尼索斯的信徒变作一位苏格拉底，然后反过身来，变作一位被音乐驱动着的苏格拉底，以其充满信心的渴望，欢呼地追逐着他的狄俄尼索斯，他的悲剧。

在这篇早期作品里,尼采设置了艺术同科学的对立,这重对立等同于悲剧的世界观与理论的世界观的对立,亦等同于悲观主义的世界观与乐观主义的世界观的对立。于他而言,这一对立同样具备叔本华所赋予的道德意味。悲观主义的世界观是深刻的、严肃的,它意味着对世界苦难的同情,对救赎的需要,尼采全然凭着自我创造和自我构建的冲动提出了这套世界观;相比之下,乐观主义的世界观则意味着同事物建立起的一种外在的、表面的联系,坚信一切通过通俗的知识文化得来的尘世幸福,它达不到形而上学慰藉的高度,即人运用自己的天然精神(Naturgeister)来认识、来发挥它的实践力量,为着更高贵的自我主义(Egoismus)服务。然而现在,认识的批判(遵循"康德与叔本华的伟大的勇气和智慧")已经赢得对"奠基于逻辑学本质的"乐观主义的胜利,并由此导向一种新的悲剧文化,在其中,智慧(Weisheit)取代科学的地位,成为认识的最高目标。

尼采在这里也看到一些重要的东西,尽管它们尚且模糊不清、支离破碎。艺术的运动,就其诸伟大的表现形式而言,乃是从庄重(Ernst)过渡到明朗(Heiterkeit):从诸宗教与崇拜的仪式性的、传统性的和古老的内容,过渡到世俗的自由与冒险,到纯粹的美,最后到为满足外在的目标、趣味和享受服务的内容。科学的运动则与之相反。

通过概念间的游戏,或者研究遥远的对象,或者发明从事有用劳动的技术,满足外在的生活目标,科学逐步深入人类的内在生命和自然之中,它领悟到只有依靠直观以及直觉思维方能理解总体现实,从现实的最终关联来把握它们。它视矛盾与斗争为活生生的东西,让自己听从于文化发展的法则,它敬畏一切无法知晓的力量,所有这些皆可被人称作科学的悲观主义以及科学的断念,但反过来,这些都是科学能发挥有限却有机且有效的作用的条件。

尼采对其悲剧世界观与狄俄尼索斯文化抱有全然不同的、无限的期待。他的思考到此达至最高峰,正如乐观主义和悲观主义乃是最高级的词语和思想。在乐观主义同悲观主义的紧张冲突下,他的"不合时宜的沉思"也只属于像叔本华和瓦格纳这类的人,他们才是教授真正文化的教师,他们否定掉知识庸人(Bildungsphilistertum)与有学问的、抱着历史不放的老朽们。他们敢于确定真正的文化的基本思想,即文化应当促成我们之中以及我们之外的天才(Genie)的产生。哲学家、艺术家和圣人皆为天才的完成形式,叔本华以其形而上学的信念宣告,人类的目标由其最高等的典范决定。尼采的整个思想是完善的,然而正像所有类似这样的哲学,其本质上都是美学的、主观主义的,其中心观点已由他的第一部著作(《悲剧的诞生》)道出:世界的此在只被证明为美学现象。哲学家应当是也将是这一创造物的艺术评判者。尼采早期的秘密笔记甚至用更激昂的表达来展现自己的雄心。他称他的哲学为一种颠倒了的柏拉图主义,并且讲出下面这句格言:"假象里的生命才是我们的目的";确立了如下的原则:"只要源始痛苦因表象而破碎,那么我们的此在本身就是一场持续的艺术家的行动"。[①] 正像尼采在此的思考超越了叔本华,他也在瓦格纳身上看到了即将来临的艺术悲剧,瓦格纳正是这个悲剧时代的先行者。

---

① 此处据滕尼斯的引用译出。

第10节

新的思想方式—转变—苏格拉底主义

但尼采随后开启了一种新的、全然有别于过去的思想方式,标志性的作品就是他那部"献给自由精神"的《人性的,太人性的》(*Menschliches,Allzumenschliches*)一书。正文之后缀以两则附录,即《杂乱无章的观点和箴言》("Vermischte Meinungen und Sprüche")以及《漫游者和他的影子》("Der Wanderer und sein Schatten"),这两篇文字紧紧联系着再后来的《朝霞:关于道德偏见的思考》(*Morgenröte. Gedanken über die moralischen Vorurteile.*),最后是《快乐的科学》(*Die fröhliche Wissenschaft*)。

尼采背离叔本华的原因和动机,并非我们在此要探讨的内容。无论如何,这些作品完全给了我们尼采思想发生转变(Konversion)的印象,因为转变无非一个人的素质和倾向展开的结果,它们曾推动着人的生命前进,但也被其他的素质和倾向压制,一些外部的力量便起了作用,如传统、人为的影响、青年时代的性情和幻想等等。尼采将理论人同艺术人对立起来,其中艺术人之为艺术人,仅仅作为观看者(Zuschauer)而发展自己,他必须观看着那些狄俄尼索斯式的英雄们,崇拜他们,为他们服务。尼采后来所说的治愈疾病,实际上指的是人解放自己,摆脱幼稚的信仰,也就是一位思想者朝着所有的方面扩展自己,他渴望着一切,好奇地想要知道一切。

在不久前印制的,尼采写于1875年(这一年也是《理查德·瓦格纳在拜罗伊特》[Richard Wagner in Bayrenth]出版的年份)的一则日记里,有这样的话:"我承认,苏格拉底离我很近,以至于我总是想和他打一架。"①苏格拉底成了胜利者,尽管是以一种奇特的、尼采式的方式成了胜利者。尼采似乎给予苏格拉底在其思想里存在的优先权,他让苏格拉底一直存在,同苏格拉底做实验,他希望从"理论人"最现代的形态来认识他们,彻底地理解他们,唯一的可能性,就是他自己变成"理论人"。苏格拉底可谓他摆脱叔本华与瓦格纳的手段,要知道,这种最个人的解放才是他面临的头等大事。同样地,他得以摆脱所有浪漫派,摆脱一切他后来称作的"浪漫的悲观主义",即"匮乏的、不幸的、要被克服的"浪漫主义。

尼采以语文学家的缜密精神探究、描写自己灵魂的道路,并且尝试着让它们变得比实际上更有趣,因为最有

---

① 此处据滕尼斯的引用译出。

趣的总归是他探索其灵魂道路的方式,这一行动的有趣程度远远超过道路本身,他所找到的道路最终意味着深刻的错误而已。

第 11 节

思想家的理想—明朗

我们上面提及的作品乃尼采写得最好的一批作品。它们是最好的,即便其中并不包含多少原创性的内容。它们奠基于启蒙时代法国作家的心理和道德的怀疑论,以及近期英国的(特别是泰勒的①)社会学作品,尼采的一位朋友保罗·雷伊先生②向他介绍了这些思想。这位朋友正像其他近代思想家一样,致力于持续科学地、理性地研究人类及其文化,从生物学的进化论思想来充实关于人类的知识。尼采则凭借着他的一切力量、勇气以及他所摧毁了的神殿废墟上仍然燃烧的思想之火,坚强地生活在这个理性而冰冷的思想世界里。如今,真理于他而言是唯一的诗,认识则意味着"未来的艺术品"。故而尼采的这些著作都以一位研究者的朴素口吻写成,他希望为千年未盖好的房屋添上一些石头,为其清除一些瓦

---

① 爱德华·泰勒(Edward Tylor,1832—1917),英国人类学家,文化进化论的代表人物,代表作包括《原始文化》(Primitive Culture,1871)、《人类学:人类与文明研究导论》(Anthropology: An Introduction To the Study of Man and Civilization,1881)等。
② 保罗·雷伊(Paul Rée,1849—1901),德国哲学家、心理学家。

砾。他却忘记了生命同知识、艺术同科学之间的对立,不过他鄙视妥协和自欺,只想成为他曾经所是的人,完完全全的思想家,与之无丝毫违背。他希望自己不畏惧幻觉、失望、战争与失败,不害怕危险以及他生命的敌人,要知道,这些皆为同思想家这一高贵的职业一道来临的东西。去生活在认识的高峰上,这将补偿一切,慰藉一切,克服一切。由此一来,尼采的作品被明朗的光(Serenität)照亮了,要知道,唯有歌德和一些两个世纪以来的作家,尤其是法国作家的作品,才具有如此的品质。

第 12 节

道德的问题—必然性—道德的起源—后来的理论—智慧—实践—严格的道德与松弛的道德—善良—人性之爱—男性的精神与女性的精神

自由精神的漫游者越发驱使自己接近、深入道德问题。他首要地致力于终结由叔本华提出的这个问题。在尼采从自己身上驱走作为形而上学家的叔本华之后,他现在将叔本华尊为心理学家。根据叔本华的看法,道德问题确立了区分哲学头脑与其他头脑的边界线:此乃对人类行动之严格必然性的洞见。

尼采讲了一些与此有关的有力而精彩的话语,其中就有这样的话:"人对自己的行为和本质毫无责任,这是习惯于将责任和义务视为人性亮点的认知者不得不吞下的一味最苦的药剂。"①(《人性的,太人性的》,第 107 节)不过令他感到宽慰的是,看清这一切而产生的"剧痛"其实无非分娩的阵痛而已。能够感受到痛苦的人,正在率先尝试着是否有可能将道德的人转变为一位有智慧的

---

① 尼采:《人性的,太人性的:一本献给自由精神的书》,魏育青译,华东师范大学出版社 2008 年版,第 103 页,部分译法有改动,下同。

人……"一种全新的习惯,理解的、不爱的、不恨的、综观全局的习惯,就会在我们身上这相同的土壤上生长,经过千万个寒来暑往后也许会变得足够强大,使得人类有力量像现在不断造就愚者、不公者、有负罪意识者一样,不断造就智者、无辜者(有无辜意识者),前者并非后者的对立面,而是后者产生的必经阶段。"[①]人们尽可将这种未来的观念同后者做比较,它尽管还很苍白,但广远而纯粹;相较之下,后者生机勃勃、容光焕发,然而完全被束缚在当下,甚至沦为颓废,并使颓废永久化了。

当我们考察尼采当时关于道德起源的观念,就会觉得同他所提出的这组对立格格不入。尼采赞同雷伊以新的论据表达的观点,即无论过去还是现在,公益(Gemeinnützige)都被视作一切在道德意义上构成善的东西的基础。故而如果我们忘记道德的起源所在,便会对善充满敬意,认为它是一个独立的、本质性的东西,进而把它同超自然的、形而上的世界联系在一起。尼采的观点又基于一个同样被叔本华道出的假设:唯有非利己的行动和行为动机才被定为道德的;也就是说,它们在其他人以及一个"社团"(Gemeinde)看来是善的,是被尊敬的。

[①] 尼采:《人性的,太人性的:一本献给自由精神的书》,魏育青译,华东师范大学出版社2008年版,第105页。

尼采在其思想新阶段的开端处赞同雷伊的基本看法。对他来说，雷伊因为否定了叔本华的神秘主义，所以比他过去所服膺的思想更新潮，也更卓越。他说："道德的人并不比肉体的人更接近思维的世界，这句话引起了极为重大的后果，既具繁殖力又有恐怖性，正如一切伟大的认识都具备两面性，它也这样像双面神一样放眼世界。"①（《人性的，太人性的》，第37节）

十年后，尼采声称他从未读过哪本书，能像雷伊的这本书那样，里面的每一句子、每一结论，他好像都无法苟同。很显然，雷伊的理论想要探寻"善"的概念产生的真正根据，他着手之时，却完全站在错误的基础上：对"善"的判断并非起源于那些受益于"善行"的人，毋宁说那些"善人"自己才是这一判断的起源，也就是那些高贵的、有权势的、上层的和高尚的人们认为并判定，他们自身以及他们的行为是善的，即属于第一等级的，与他们相反的则是低下的、下贱的、卑劣的群氓。②（《道德的谱系》[*Zur Genealogie der Moral*]，第3页，并参见前言第7页）

至于他最新的、自己的道德理论是怎样，我们不久便

---

① 尼采：《人性的，太人性的：一本献给自由精神的书》，魏育青译，华东师范大学出版社2008年版，第58页。对比尼采原文，滕尼斯在此有所删减。
② 尼采：《道德的谱系》，梁锡江译，华东师范大学出版社2015年版，第52、65页。

会知晓,不过我们已然能够把握其理论创新的内核。雷伊以及先驱们希望考察:人为何褒奖无私的行动,为何将无私的行动抬高为道德行动?这个问题是否会受尼采提出的矛盾和异议影响呢?绝不会的!因为在每一次的生命循环中,无私的道德感以及道德判断都会一再地重新形成。从总体上看,尼采式的主人(Herren)可能像他认为的那样好,以致他们会将他们中间的骗子与叛徒看作敌人,继而当成恶棍;相反地,他们会将乐于助人者、愿意牺牲自我的人,在一种特别的意义上称为勇敢的、高贵的、善良的人。当尼采指明社会等级对于构建道德概念的重要意义时,他无疑做出了很大的理论贡献。可他本应当详细地解释一下,在他的意义上的善,也就是高贵(Vornehmheit)的意涵,对道德的善的理念将发挥怎样的影响,因为一种敌意的,尤其不正直和不诚实的举动,首先对同伴有害,被认为同贵族的身份特别地不相配。

尼采反倒因他自认为的发现被蒙蔽了双眼,以为等级间的对立和伟大者的骄傲乃"善的概念"唯一真实的起源(这个想法多么不清晰!因为"称什么是善的",就其言语的意义而言,无论可化约成多少同义词,无非意味着肯定某个东西,而尼采根本未超越言语意义的界限;他甚至靠着意志坚持了下来)。事实上,存在着许多种道德概念,每种都有自己独特的起源,在它们自身的起源之中,又存在着诸多线索交叉的情形。如果说尼采指责,现在占主导地位的乃是这样一种偏见:它把"道德的"、"无私的"、"公正的"(désintéressé)视为同类概念,而它在人们头脑中的影响力已经可以与某种"固定观念和脑部疾病"相媲美(《道德的谱系》,第 4 页)①,那么他至多道出了一种习得的偏见。所谓"习得的偏见",更准确的提法应当是一种任意地划定领域的行为,理论无法避免这样的偏见。

在实践里,在现代各民族的语言使用习惯中,道德,或者说"德性"(Sittlichkeit),毋宁同两性关系间存在着最有力、最坚韧的联系。德性对抗着自我主义和情爱,自我主义与情爱现在几乎交融在一起,然而它们的结合又是极冷淡的。尼采完全有理由让我们注意到,他在早期著作里强调的"习俗的德性"②。在最简单、最一般的人类关系当中,"习俗的德性"发挥着最广泛的影响。它的或强或弱的效用,又同历史里最重要的关于严格的(strengen)道德同松弛的(laxen)道德的分别,存在着一种紧密的联系。尼采并未考虑这一分别,或者仅仅在表面上考虑了它。

---

① 语出《道德的谱系》第 1 章第 2 节。
② 指《朝霞》第 1 卷第 9 节"习俗的德性的概念",参见尼采:《朝霞:关于道德偏见的思考》,田立年译,华东师范大学出版社 2007 年版,第 47 页。

不过正是在尼采的笔下，一个无限的"超善恶"的视角被打开了。真正有效的道德很少关系到适用于全人类的"善""恶"或"坏"这些名称，而是关乎每一次的特殊情形，关乎不同的地点、时间，不同的等级，关乎女性或男性；但更多地关乎每个行动，即它或禁止或允许，或拒绝或指责，或惩罚或赦免这些行动。如此看来，的确，在当今的良好社会里，松弛的道德占据着支配地位，它在所有事情上都最重视保持善良的外表和外在的体面，相对极严厉地反对残暴和粗野，同时反对人与人之间的尖锐冲突，虽然对人道的思想而言，尖锐冲突常常是有用的，有时甚至是必要的。的确，当倾心从事"商业"的男人越少关注"道德"对象，同样地越少关心"美学"事物时，他们就越养成了一种女性的、阴柔的性格……诚然，无须诉诸审慎的判断，从俗人的眼光来看，和善（Gutmütigkeit）的性情要比善良的品格更重要，人因同情的情感以及他们的善行，想要严肃地承担起对待社会之恶的责任，果断地改善社会的恶，最终摆脱它们。

如果我们也完全地将这种责任当作我们克服自身的责任，当作我们自己的能充分理解的利益，因此严格地将它把握为自我主义的真谛，那么光是认识和实现这一责任，便足以抵消一切"利他主义"。当然，这种自我主义乃一种贵族和高贵意义上的自我主义，从遥远的未来（还有遥远的过去)世代那儿,我们能看到并且促进这种自我主义;它热爱正义,因为正义必定总为有德者、善人和高贵者所崇敬;它觉得非道德的状态和思想令人厌恶,因为它们满是欺骗;它感到它们下作肮脏,因为它们一点也不纯洁,故而它要同它们斗争到底。诚然,基督教学说正像近来哲学家们宣扬的,号召自我否弃、自我牺牲,它要让那些仅仅在某些条件下对某些人适用的东西,甚至让那些并没受到基督教学说影响的东西,上升为普遍的和无条件的理想。不过那种想象着全然放弃自身幸福的幻觉,无异于冷酷的承认,它往往会损害我们对于更切近、更愉快、更必要的义务的感知敏锐度。

我们必然不会停止崇敬像这样的英雄主义,但通常来说,我们的邻人同我们接近,同我们结合在一起,同我们彼此关心,这都是自然而然的事情。同样地,我们不应当不公正地、不诚实地或残酷无情地对待远方之人。没有任何道德要求我们牺牲掉我们基本的、理想中的甚至必要的切身利益,以换来某些柔软的、温存的情感。因为没有任何理性如此命令我们,至少所谓"普遍的人类之爱"从来不会被当成我们要去奉行的义务,它作为普遍的平等之爱从来就不是一种真理。然而普遍的人类之爱的深刻意义,在于指明我们不应该把人贬低为我们所使用的工具,而应该努力地尊敬人类的尊严,即便对待那些丑陋的人物也应如此。这样一来,普遍的人类之爱本质上就具有了个体主义的含义,即我们每个人都亏欠着自己,要让我们最高贵的倾向、让我们的人性在自身中支配着自己。

最后,主要地由尼采的精神揭示出的真实,乃是在人性的发展进程中,一旦道德法则同人性的自然法则违背,人性的发展便会逾越道德法则,而且践踏它们。不过必要的怀疑肯定会提出与之针锋相对的假设(Präsumation),即真正有效的道德法则可能就是,或可能蜕变为对人类共同生活无用甚或完全有害的器官。事实上,更可能的情形是:唯独道德法则的形式改变了,它们继承下来的和所获得的内容仍然持续发挥着作用。从这个意义上讲,进化论学说同上述革命背道而驰。因此,男性的道德同女性的道德彼此交融在一起。文化史的最高表现形式总归展现为男性精神与女性精神之间常新的结合与分离。过去,基督教意味着女性精神的胜利;今天,女性精神明显再度赢得越来越大的影响力。故而男性精神应当思索,保护自己免受过分强大的女性精神的干扰。

第13节

习俗的德性—悖论—对社会主义的误解—同民众的关系—对艺术的评价—学者与艺术家—伊壁鸠鲁主义—黄昏的心情—沉入时代内部思考—对民主化的观点—机器—无产阶级—不满—自身动摇

在我们已经提及的《朝霞》一书的第1卷里,尼采多次探讨了优越者和偏离者同"习俗的德性"斗争的悲剧,在他看来,悲剧自始便存在。他所讨论的这一主题契合于他人生中最自由的阶段,不过后来他更多地转向欣赏不自由(Unfreiheit)了。迷信也是强者的武器,朝向无知的意志实乃朝向强力的意志的支流。

然而在此,在这部早期著作中,尼采以更优良的理解,公正地对待了习俗。他认为习俗代表了先人的经验,代表了他们对于有用和有害的东西的看法。(《朝霞》,格言19)文明的开端始于这样一句伟大的箴言:任何习俗都胜于没有习俗。"习俗的价值在于,个人越从小就发自内心地屈服于它,他的攻击和防卫器官——无论身体上的还是精神上的——就越退化,他也就益发美!因为使一个人成为丑的和益发丑的不是别的,正是这些器官的活动及其伴随性情。"①(《朝霞》,格言25)不过尼采赞美打破习俗的人,不光是那些在思想和言辞上如此做的人,更多的是他称为"自由的行动者"的人:"人们对所有那些以行动破坏习俗规矩的人毁谤有加,往往将他们称为罪犯,然而他们后来往往不得不大量收回这种毁谤。"②(《朝霞》,格言20)这部谈话里首度出现尼采那种模糊的放荡主义(Libertinismus),这促成了他后期著作的成功,然而我们很难批评它,因为其中的悖论(Paradoxosophie)从一开始就显得很不科学。

在此,除了有许多小心翼翼地触及现实问题的努力,还有大量飞临自由且高贵的思索高度、考察道德事务的尝试。他知道,这种类型的哲学思考在原则上必须从个体主义式的沉思开始,进而通过与人类同胞本身建立关联(假如并不从任何更狭隘的人间共同体当中确立起什么权威的话)变得普遍主义化。然而这种做法同他相违背,他看不到"人类"与我们有什么关系。他对普遍的、人类的同情以及道德的基础抱有强烈的不信任感,但他又没法揭示道德倾向的根源。他称此为"基督教最后的道

---

① 尼采:《朝霞:关于道德偏见的思考》,田立年译,华东师范大学出版社2007年版,第64页。
② 同上书,第61页。

德回声"(《朝霞》,格言137)①,在我看来并不深刻。他没看到古代和近代所立足的相同土地,在习俗的德性衰落之后,哲学的伦理之树茁壮发育,当时基督教的思维方式也在其树荫底下成长起来。怀疑论总对它们嗤之以鼻,找到很多理由来抛弃它们;但只要它们没有停止从生活的诸情景当中汲取养分,那么它们便一直会发展。对于批判的思想家而言,要赢得一个同情与否的牢固立场确实艰难;如果他回答的确很难,那是因为他不愿承认同情的根据;如果他回答并非很难,那是因为他必须接受同情的理由。

这些沉思对于尼采思想的发展,对于他走向最终的价值重估具有双重意义:一方面,他更加公正地对待既定的事实;另一方面,他已经被自己人生最终阶段的相似感情支配了。不过他的思想高潮还未释放出来,谨慎仍然限制着他的判断。他认为:

> 也许现在没有比这更深入人心的偏见了,我们知道真正的道德是什么。听到社会正在有效调节个人,使他们适应普遍需要,听到个人幸福以及个人牺牲的关键在于使他成为整体之有用成员和工具,人

---

① 序号似乎有误,对应尼采的原书,应为格言132。

人似乎都认为这是好事。唯一不足的是,关于这个整体究竟是什么,我们现在还不甚清楚,到底是一个已经存在的国家,还是一个有待创造的国家;到底是一个民族,还是各民族之大团结,或是新的小经济共同体? 在这一问题上,目前还有许多思索、怀疑和争论,许多激动和冲动;但奇妙和动听的是其要求的一致:要求自我否定自己,直到他通过适应整体的需要,重新获得他固定的权利和义务范围——直到他成为新的和完全不同的东西。①(《朝霞》,格言127)

他在这段话之前也指出:"而每一种社会主义思想体系都仿佛不由自主地站到这类学说之共同立场上。"②

对此,我已经说明,尼采的这一讲法不正确。事实上,社会主义诸体系里最严格,并且无疑现在最有影响的体系,已然从根本上否定掉道德奠基的必要。可无论如何,道德的激情(moralische Pathos)无所不在,它总是一再重新地将高贵的但同时也是柔软的天性纳入社会主义的思想道路之内。道德激情的力量更多地、更持久地源于正义感,而非同情感。所谓正义感,全然对立于女性的

---

① 尼采:《朝霞:关于道德偏见的思考》,田立年译,华东师范大学出版社2007年版,第178页。
② 同上。

同情，乃是一种彻彻底底男性的、有统治气概的态度，它同逻辑思维亲和。精明强干的人注意到人民为生产国家财富耗尽了力量，可国民财富都聚集到铁路和银行垄断者之手，也被棉花厂主、钢铁巨头、酒精和啤酒生产商据为己有，甚至往下层看，那些粗野的冒险家、投机者以及流氓无赖，都在染指国民财富。精明强干的人认识到这是无意义的现象，感到此乃不法的情形。

由此一来，一个同时囊括经济、政治和道德的讨论空间打开了，但这无疑超越了尼采的视界，占据着他生命核心的始终是美学意义上的审美灵魂。不过假如他忠实于后一种思维方式的话，那么他对社会状况和道德现象的判断就有了更有益的根据。他曾在青春的冲动下写出这样一段话：

> 如今唯有把希望寄托于那些低等阶级，即那些没有教养的人。有学问和受过教育的等级则要被抛弃……一旦劳动阶级在我们身后认识到，他们现在通过教养和德行能轻而易举地超过我们，那么我们就完蛋了。但如果这一切没有发生，那么我们更要完蛋了。①

---

① 此处据滕尼斯的引用译出。

这是瓦格纳式的狂热情绪,它渴望群众聚集在自己周围,"以便更明确地动摇他们"。现在尼采对艺术的评价却截然不同,在他看来,学者似乎比艺术家高贵。(《人性的,太人性的》,附录第206节)"科学中最美好、最健康的东西,就是吹拂其间的凛冽寒风,使人如入崇山峻岭。——精神上的柔弱者(比如艺术家)畏惧和中伤科学,就是因为这股寒风。"①(《人性的,太人性的》,附录第205节)不过他本人始终保持艺术的天性,这使得他的很多想法都极有魅力,但也由此削弱了它们的内涵,他赋予它们太多的色彩,更危险的是赋予它们过量的音色。在他与道德问题的斗争中,学者同艺术家相遇了。但凡学者同艺术家彼此融合的所在,"就存在着一段美好的乐曲"。"我们在自然中巡游,机敏而快活,试图发现和当场捕获万物固有的美;遥望一段布满岩石、港湾、橄榄树和松树的海岸,我们设法发现它的美在什么情况下才臻于化境,表现无遗:是在灿烂的阳光下,还是在无边的风暴中,抑或是在天空收起它的最后一道光线之时。同样,我们也应该以欣赏者和发现者的身份在人们中间跑来跑去,让他们既表现出善也表现出恶,以便一个人在阳光下,另一个人在风暴中,第三个人在夜幕下和阴雨中,分

---

① 尼采:《人性的,太人性的:一本献给自由精神的书》,魏育青译,华东师范大学出版社2008年版,第513页。

别展示出他们特有的美。难道禁止像欣赏一幅自有其粗犷线条和动人之美的蛮荒风景一样欣赏恶人吗?"①(《朝霞》,格言468)他回答说:"是的,这是禁止的,人们至今只许在有道德的善人身上寻找美。"

我们不禁要问:但一位真正的艺术家或真正的思想家何时转向这一禁令?他对恶的直观实际上同他对善的热爱完全一致,对此他具有非常精致的品位和理想主义的自私,也就是说,他立足于美学的根据,将之视作善的标准。所谓"精神的自由迁徙"(根据《人性的,太人性的》,附录第211节)在其中极美妙地展现出来。"由于精神的束缚在减少,道德行为(符合道德感觉的、传承的或本能的行为方式)也必然减少。但那一个个美德——节制、正义、心灵的安宁,却并不减少。因为,清醒灵魂的最大自由终究会不由自主地把人领向这些美德,并且推荐说,它们是有益的。"②(《漫游者和他的影子》,第212节)还有:"这是一种完美的理想主义的自私:不停地看管和照顾我们的灵魂之树,保持它的安静,以便它最终结出幸福的果实!因此,作为一个监护者和中介者,我们是在看

---

① 尼采:《朝霞:关于道德偏见的思考》,田立年译,华东师范大学出版社2007年版,第370页。
② 尼采:《人性的,太人性的:一本献给自由精神的书》,魏育青译,华东师范大学出版社2008年版,第712页。

管和照顾所有人的果实,而我们作为孕育者生活于其中的那种心态,那种骄傲和温柔的心态,也会在我们周围扩散开去,给那些躁动不安的灵魂带去安慰和平静。"①(《朝霞》,格言552)

尼采赞美伊壁鸠鲁,"伊壁鸠鲁活在任何时代,并且至今还活着"(《漫游者和他的影子》,第227节),"英雄史诗—田园风光式哲学思考的发明者"(同上,第295节),古代后期的灵魂安慰者"(同上,第7节),"小花园,无花果,小块奶酪,再加上三五好友——这就是伊壁鸠鲁的富足生活"(同上,第192节)。从尼采书里的这些以及其他许多想法看来,伊壁鸠鲁的面容闪耀着认真而明朗、安宁而满足、孤独而柔和的光芒。

实际上,尼采的黄昏心情发出了比"朝霞"更明亮的光,他远远地看着清晰的海平面,渴望着翅膀,渴求展翅翱翔,在远方,"一群又一群比我们更强健的鸟儿仍然不懈地向着我们曾经飞向的地方飞翔,向着大海,向着无边无际的大海飞翔"(《朝霞》,结尾)。他知道,他的作品"没有时代精神,更没有反时代精神"(《朝霞》,格言568)。但与其说他的思考反时代,不如说他沉入时代内部来思考:他对机器时代和民主制也有着强有力的洞见,尽管他

---

① 尼采:《朝霞:关于道德偏见的思考》,田立年译,华东师范大学出版社2007年版,第425页。

还抱持着古老的市民信仰,信赖新的"分配小资产的工作路线"(《漫游者和他的影子》,第285节),信赖应当"建立起一个中等阶层,这个阶层可以忘掉社会主义,就像忘掉一场已痊愈的病"(同上,第292节)。然而"欧洲的民主化不可阻挡:试图抗拒的人使用的正是民主思想才赋予每个人的工具,他们也使这工具变得更顺手,更有效"①。"现在,所有政治力量都试图利用人们对社会主义的恐惧,来增强自己的力量。但是,长此以往,从中得到好处的还是只有民主。因为,所有政党现在都不得不恭维'人民',以各种方式为他们减负,给他们形形色色的自由,最终使他们成了无所不能者"②(同上,第292节)。然而受最具活力的感觉的驱使,尼采将无产阶级称作"不可能的等级",建议他们漂洋过海,迁移到世界上的野蛮和新鲜的地区。他高声辱骂这样的观点:更高工资会从根本上改变他们的苦难,即他们受非人奴役的苦难。"在各民族拼命追求最多生产和最大富裕的目前的疯狂中,你们应该做的是相反的计算:内在价值受到了多大的损失。"③(《朝霞》,第206节)

---

① 本句出自《漫游者和他的影子》第275节。
② 尼采:《人性的,太人性的:一本献给自由精神的书》,魏育青译,华东师范大学出版社2008年版,第755页。
③ 尼采:《朝霞:关于道德偏见的思考》,田立年译,华东师范大学出版社2007年版,第254页。

另一方面,尼采以冷静的思索得出一个更普遍的结论,已然显著指明科学社会主义的核心:"还没有人敢对报刊、机器、铁路和电报等这些机器时代的前提作出横跨千年的结论。"①(《漫游者和他的影子》,第278节)

他自己也不"敢"深刻地考察这场剧烈的生活革命。尼采大概是在控诉"古典教养"以及它所导致的疏离现实生活的状况。事实上,不管他的精神有多么巨大的直觉能量,他思考这些问题时从未完全摆脱语文学的束缚。故而他一再返回庸俗的观点,即革命意志源于不安分个体的模糊头脑。他很清楚,社会主义并非要"颠覆"和"摧毁一切文化",而是要"确保"和"改善生活"。但他发动越来越猛烈的炮火攻击社会主义的趋势,他赞许"强烈的不满",担心社会主义会铲除它,会用"中国式的幸福"取而代之(《快乐的科学》,第24节)。他因此越来越谴责同情,控诉"所有可能的阶级的各种虚伪、臆造、夸大其词的痛苦状态"(《快乐的科学》,第56节)。在他看来,那些强烈的不满者才是对于改善生活、确保生活充满创见的人。"无力的、虚弱的女性"与之相反,乃是要"美化和深化生活"的人,同时她们是"知道要促使一些人创造鸦片、镇静剂一类安慰办法的鼓动者",因此是"维持现实的痛苦状

---

① 本句出自《漫游者和他的影子》第278节。

态的人"。(《快乐的科学》,第24节)

  那么我们要欢迎强烈的不满者?那么他们是善人?很明显,尼采的思维方式越来越被极不明确的思想游戏主宰,他踌躇动摇,跳着奇异的舞蹈。当时他身患疾病,多年以来一直过着不安定的、孤独的生活。

第14节

艺术家的快乐—作为获取知识途径的生活—肯定一切的人—创造—对真理价值的怀疑

尼采身处痛苦与贫乏的处境里,但作为思想家,他有时从生活中创造出了最深刻的快乐,因为他知道享受认识活动的最高境界的乐趣,而且一再地品尝到愉悦的滋味。一个令人眼花缭乱的念头、一句优雅的言辞,他都欣喜若狂地感知到了;他的眼神闪烁着光亮,他触摸它们,进而将它们传递到四面八方。善而真、诚实而强力的思想汇成了诗,紧紧攥住了他的心,激发起他创作的冲动。"我也是位画家"①,他对自己如此呼喊,万物都令他愉悦,都奉献给了他。事物和观念彼此融汇在一起,故而他构造了意义丰富的譬喻,深入地照亮了生活与思想里的种种矛盾,他感到自己高居生活与思想之上,不知疲倦、永无止歇地享受着自己的诙谐风趣。

"我必须活下去,因为我必须继续思考……我要更加努力向学,把事物的必然性视为至美,如此,我必将成为

---

① 此处据滕尼斯的引用译出。

美化事物的人群中的一员……我只希望在某个时候变成只说'是'的人。"①(《快乐的科学》,第276节)他问候"圣哲纳斯"②,沉浸在让自己从认识者变为一个创造者的幻想之中。在节日的氛围③里,他相信自己已经赢得通往最高快乐的认识,即生活本质上是假象和游戏,因而它根本没有内在的或"道德的"意涵。这正是他的"快乐的科学"(gaya scienza),即全世界的孤独者听到和看到的戏剧表演。他听着舞台上的言辞,看着舞台上的表演姿态,他笑和哭,与之同时的是观众的舞台享受,但观众舒适地待在他们的位置上,并不参与表演,因而也不与戏剧共情,对他们来说,对悲剧的共情似乎是肤浅的、冷漠的。相反,尼采赞美大量的、强烈的苦难,将之视作大量而强烈的快乐的必要条件,以及英雄的必然命运。"获取生活中最丰硕果实和最大享受的秘密在于,过危险的生活!"(《快乐的科学》,第283节)"生活是获取知识的途径。"(《快乐的科学》,第324节)

正因如此,认识超越了自己。观看者希望观赏、享受戏剧场景、戏剧形象、戏剧事迹以及戏剧里的情感,希

---

① 尼采:《快乐的科学》,黄明嘉译,华东师范大学出版社2007年版,第265—266页,部分译法有改动,下同。
② 圣哲纳斯(Sanctus Januarius),雌雄同体的殉教者。尼采将《快乐的科学》第4卷献给了他,献词写于1882年1月。
③ 《快乐的科学》第276节的标题为新年感言。

望在观赏和享受的过程中有所创造。他看到的总好过没有看到的,好过一出拙劣的剧目,好过平庸的演员,他自己还想变作诗人和演员,进入一个人格当中,因而成为行动者和受苦者,虽然这样的情形只在他想象的画面里存在。他不想再满足于冰冷的、客观的以及肯定一切的知识,毋宁猛烈地追求统治和占有,以他的创造力(vis creativa)伸展认识的价值判断,他的创造力无条件地肯定自己,因为它使得生活永恒化了。诗或者生育,它们其实是一回事,"我们希望成为我们生活的诗人"(《快乐的科学》,第 299 节),我们的生活就是人类生活本身。"我们,思考着、感知着的人,正是要实实在在创造并且不断创造现在还不存在的东西,即创造永无止境的世界,包含种种评估、色彩、重量、观点、阶级、肯定、否定的世界。我们创作的这首诗一直被那些所谓实践的人们(我们所说的演员)背诵、熟记,且溶化在他们的血肉中,被应用于实践和日常生活……是我们创造了这个与人有关的世界呀。"[1](《快乐的科学》,第 301 节)他既自豪又幸福,想向艺术家学习,"此外还要比他们更聪明"(《快乐的科学》,第 299 节)。"作为美学现象,存在对于我们来说总还是可以忍受的(之前,存在对他来说仅仅是

---

[1] 尼采:《快乐的科学》,黄明嘉译,华东师范大学出版社 2007 年版,第 285 页。

'正当的')。艺术为眼睛、手以及良知提供了可能性,使我们有能力从内心呈现这类现象。"(《快乐的科学》,第107节)

这些以及类似的段落表明,尼采人格里的艺术家内核如何同其人格的科学表皮竞争,又如何渴望着冲破科学的表皮;他写下奇特的诗句,宣布他同时在经历"第三次蜕皮"(《快乐的科学》,第6页)。但即便在他这段时期创作的后期文献里,这个蜕皮的过程也远未完成。比如他写道:"一天,浪游人关上门,站在门后哭了,说'求真、求实、求内在的、求良知的癖性和热情是多么讨厌啊!这个忧郁而热情的驱动者为何老跟着我?我需要休息,可它不答应。许多东西并不能引诱我在此停留!到处有我的阿弥顿乐园(Gärten Armidens)①,所以,我的心一再被撕裂,一腔无穷的辛酸'!"②

这就是说,尽管他没有耐心,却仍有追求真理的冲动,然而他不再相信真理的唯一价值,他开始怀着憎恨和恶的良知,要去构造一个新的幻觉世界,让快乐的科学变成一种忍受苦难的艺术。这种艺术在他的道德立法、创

---

① 阿弥顿花园是意大利诗人塔索在他的叙事诗《被解放的耶稣撒冷》里写到的仙女花园。魔女阿尔弥达曾将骑士里纳尔多吸引进这座花园。
② 尼采:《快乐的科学》,黄明嘉译,华东师范大学出版社2007年版,第291页。

造新"价值"和"道德法版"的事业上达至顶峰,并且联系起他对道德事实以及道德思维方式的本质与起源的理论批判。

第15节

开始攻击道德—新事物与恶事物—迷失—有效道德里的自我主义与贪婪—道德的否定功能—空话的时代—对新事物的仇恨

> 时下,在英国出现了一种备受欢迎的,然而完全错误的道德理论。按照这理论,判断"善"与"恶"是根据"实用"和"不实用"。被称为"善"的即是保存族类的,被称为"恶"的是破坏族类的。事实上,恶的欲望与善的欲望一样,也是实用的、保存族类的、不可或缺的——只不过它的功能不同罢了。① (《快乐的科学》,第4节)

以这些话为发端,尼采开始从原则上攻击道德主义者,后来他的攻击愈演愈烈。这些句子之前都有一些说明,即扼要地总结了他早期关于种种道德偏见的沉思:"最强大和最邪恶的天才人物是推动人类前进的首要功

---

① 尼采:《快乐的科学》,黄明嘉译,华东师范大学出版社2007年版,第79页。

臣,他们一再点燃人们那昏睡的激情。""同样的'邪恶'也存在于新事物的导师和宣传者身上,它使征服者声名狼藉……无论如何,新的总是恶的……只有旧的才是好的!每个时代的好人对旧的思想总是追根刨底,并且获得思想果实,他们是思想的耕耘者。每块土地均被充分利用。不过,邪恶的犁铧必然要来光顾的。"(《快乐的科学》,第4节)

一方面,如果不剖析他的譬喻,那么我们应当说:尼采的观点适用于类似这样的格言(Xenion)——"我也能利用敌人"①。本着相同的精神,尼采常常重申勇敢者渴求着而且必定寻找着敌人和危险。同样地,他认为文化需要恶,甚至可以说让恶充当文化的基石。假如我们有充分的理由接受这一点,那么人类基本关系的真相是否会由此被触动呢?个体或社会人是否还会觉得敌对和危险的事物是恶呢?是否还会将它们称作恶呢?他们同恶斗争,是否为着铲除恶呢?他们的生活法则是否如是教导他们呢?

另一方面,虽然人们积累了很多生活经验,但当他们把创新者与不信者视作恶人,当他们不希望接受光的时候,很可能会迷失自我,因为他们身在黄昏中仍感到幸

---

① 这句话出自席勒的《朋友与敌人》(Freund und Feind)一诗。

福。他们将少数"知道些什么"的人投入监狱,钉上十字架,架在柴薪上焚烧,或者以毒酒杯做奖赏,与此相对,他们用月桂花环和雕像来歌颂暴君、暴力分子、可怕战争的发动者、无知的压制者与剥削者,赞赏这些人是英雄,甚至用神圣的名称圣化他们。人们既不愿意惋惜和嘲笑这些事实,也不愿意理解它们,因为他们越理解了这些事实,在一定程度上就越容易遭遇它们。也就是说,他们会教导愚人和反对者尽可能舒适地、迅速地适应新的生活条件。

无论如何,当尼采简单地把创新者同那些被当成恶人的人混为一谈,以此强调和赞美恶时,他的这种看法其实很不恰当。总的来看,人们并未迷失自己,至少在他们把握共同生活的善与恶、朋友和敌人的概念时,尤其更通常地使用这些概念时,并没有犯什么错。是的,即便道德含义的多样性很大程度上被扼杀掉了,但在我们所知的一切时代,一切民族那里,都已形成一定的文化和道德的意涵;就在同一国家的不同阶层、等级或阶级中,也存在着关于必要的、允许的和禁止的内容高度一致的意见:可被允许的内容变化最大,因为它最难在概念上被确定下来;而所有对既定观点的运用皆高度复杂地受制于人的正反倾向、目标、考虑。

在谴责有意识的自我主义及其近亲即贪婪时,人类根本不像尼采以及许多其他人所想的那样达成了一致。强大的主人凭着他们的业绩而自我钦佩,他们常常征服任何对他们的道德判断,以致即使他们的名字被憎恶,他们的事业却被歌颂。没错,靠着比大声拥护者的宣传声寂静得多的活动的一整套流通理论,被命名为经济自我主义,也即贪婪的自我主义成了一切"文化进步"的动力,甚至被赞美。有人会说:自从商业普遍蔓延,它的原则几乎或者很少遭遇什么道德阻力,因而道德的有效力量本质上被限制在刑事惩罚的法律领域之内,至少刑法刻画了一个民族共同的道德。如今在一个现代的大城市,甚至一个现代国家里,其他不合乎伦理的行动很少沦落得臭名昭著,或者说,谴责它们乃是党派事务,乃是达成其他目的的纯粹手段,因此党派间激烈争论,以至于在某一阵营里被视作可恶的恶棍,在另一阵营里则被赞美为英雄。

不过否定总归是一切有效的道德的主要功能。同刑法一样,它首先要限制自然的自由;道德的赞许、称赞、名誉,总归用来表彰善良的行为、思想与性格,它们乃是添加物和减少物,作为在一定程度上增添到或剥离出那些规则的、自然的事物的东西。"所有人对所有人的战争"越激烈,道德的这种特征表现得就越明显。① 善行则要被评价为全然不同的东西,它被要求去做,因为如果不去做就被认为是可鄙的;因而不真正地禁止,便会招来反对或其他的回应。

反过来看,现时代充斥着许多关于普遍的人类义务的讨论,但违反它们并不会招致任何令人反感的社会后果。此乃空话制造的毒药,迷惑着我们的思想,那么谁对此产生了幻觉呢?诚然,"牢固的多数人"对一切类型的创新者的仇恨与厌恶是真实情形。百年来,他们对政治龇牙咧嘴,一如曾经对宗教亮出他们的爪牙。但尼采是不是一位自由的政治思想家呢?正如他以十足的激情(然而在我们看来,这份激情多少有些语言学家的过时心态)宣称自己摆脱了宗教的心灵,是位无神论者。难道社会主义者对他而言不是恶人吗?他认为自己有责任为贵族的评价标准、贵族的蔑视和压制行为辩护。难道他不是只在努力地从"现代诸观念"的根据来理解它们,评价它们的价值?

---

① 滕尼斯这里所说的道德的否定功能、道德的加减法等,都源于霍布斯的观点。

第16节

艺术家的胜利—"向物理学欢呼致敬"—康复—回归自己的任务

《快乐的科学》初版四年多以后,它的作者又为该书增加了长长的一卷以及一篇前言。尼采的整部《查拉图斯特拉如是说》就介于《快乐的科学》的两版写作之间。这位诗人和艺术家已彻底褪去包裹着他的外壳,对于希腊人的渴慕之火又再度地在他心里燃起。"不要这样!这样糟糕的风气,这种'不惜一切代价寻求真理'的意志,这种青年人热爱真理的疯狂实在使我们败兴。他们这一套,我们可谓'曾经沧海',我们也曾过于认真、深沉,被烧灼得遍体鳞伤……我们不也恰好沦为希腊人了吗?沦为形式、色调、言辞的崇拜者了吗?也因此而成了艺术家了吗?"(《快乐的科学》前言,写于1886年秋)从现在起,我们知道一个人是如何为生命说话的,"必须在表面、皱纹和皮肤上表现出勇敢,崇拜表象,相信形式、色调、言辞、整座表象的奥林匹斯山!"(《快乐的

科学》前言,写于1886年秋)①

"向物理学欢呼致敬"乃《快乐的科学》第一版的最后一节(第335节),然而尼采如今比过去更强调了这一节的重要性,他想要将"学习和发现所有法则与必然性"的成果移置道德的领域,以此要求自由的思想者为自己创造"道德法版",使他们独立于权威,摆脱僵化的教条魔咒的影响。与其"冥思我们的行动的道德价值","我们"应当有勇气"成为我们自己所是的人,新颖、独特、无可比拟、自我立法、自我创造的人"。那时,也就是他的第二个思想阶段临近结束之时,这位极不安分的人觉着自己已经康复了,已经战胜了自己的疾病。他大多数时候总以比喻的方式谈论自己的病:他称他早期的、第一个阶段的思想就是有病的,现在他把这一时候的思想归结为"浪漫的悲观主义",并且以理查德·瓦格纳的形象作为具象表现。他声称自己第二个时期著作里的思想,乃是希望为治病开出的药方,即完全"自由的精神"(Freigeisterei),也即科学地研究事物,他选择了这条令人痛苦、艰辛无比的道路,把它当成自身回归和上升的真正任务。

康复即返老还童,他谈到自己的"昨日",谈到一位"老年不得其所",谈到"冻结在青年人当中"(《快乐的科

---

① 尼采:《快乐的科学》,黄明嘉译,华东师范大学出版社2007年版,第41—43页。

学》前言)。现在,解冻的暖风就在他身边,伴随着他,"恢复体力的狂喜,信仰未来之再度苏醒的欢欣,预感未来的快慰;同时,对正在迫近的冒险犯难之举、再度敞开的襟怀之海、重新可望企及的,并对其坚信不疑的目标亦有所感悟,故而怡然自得"。[1](《快乐的科学》前言)

但真正说来,疾病和康复是并存的。他曾在一封私人信件里写道:"因为我身体的健康甚至再次暴露出来,可我不知道它从何而来,每个人都对我说,我看起来比过去年轻很多……"[2]他对一位女性这样说,我们不可怀疑,这位女性出现在他生命里的短暂时期,曾对他当时的心情、思想和决定产生了极其重要的影响。

---

[1] 尼采:《快乐的科学》,黄明嘉译,华东师范大学出版社2007年版,第33页。
[2] 出自1882年7月2日致露·安德烈亚斯-莎乐美(Lou Anderas-Salomé)的信。

第 17 节

永恒轮回——计划与希望

尽管他仍向物理学欢呼致敬,但是出现在他思想中心的还是一个形而上学的观念,自此直到他人生的最后,它就像明亮的星星照耀于他的眼前,这个观念就是永恒轮回(die ewige Wiederkunft)。星星的升起意味着他的内在和外在生命的转变。他希望"不再孤独,并再去学习成为一个人"①。不仅如此,他要做一位新人,为了他的哲学学习新的科学。他想静默十年之久,去研究如何掌握物理学与化学以及它们的方法,进而武装自己,构建自己的理论体系,其理论体系的闪亮顶峰应当是为世界戏剧(Welten-Schauspiel)的永恒重复提供证明。但他呼吁实践哲学要通往的目的地,乃是更高贵的人学会"为了让自己和生活变得更好,不再追求什么更多的东西,除了对自身行为和思想的最终的、永恒的确证和封印"。(《快乐的科学》,第 341 节)

尽管他的计划和希望都破灭了,在短暂的间歇过后,

---

① 出自致莎乐美的同一封信。

他再度过上不安定的、孤独的生活,可他终归在自己的思想圈子里推进,以强烈的进取心,抑制自己的怀疑和思虑,最终并非没有改变初衷,让他的精神的最初意图转向完全另一个方向。

第18节

查拉图斯特拉如是说—艺术家的精神—综合?—性格特征—日耳曼式的?—最初的《查拉图斯特拉》—超人—布道—三部新篇章—世界学说的诗化—试炼—狄俄尼索斯—对自身的真理意识的怀疑—为什么是科学?—何以道德?—艺术观同科学观之间的摇摆和斗争

立足于尼采的第二个阶段同最后一个阶段的作品之间的,是他史诗的、修辞性的诗歌文本《查拉图斯特拉如是说》(1883—1885)。在这段时期,因而也在他这部作品的章节里,尼采完成了思维方式的最终转变和回归,他转向了自己最初的性格。当他将这个过程描述为一场重新的自我发现(Sich-Wieder-Finden)时,无疑说得十分准确。

狂热的、幻想的、激情的、昂扬的艺术家精神,才是真实的尼采精神。明朗的、安宁的、友善的思考,严格科学的态度,对一个热爱真理的民族乃至全人类的希望,宣称怀疑和不信乃解放了的力量,思想家对待启蒙、可教导的民众的友善的屈尊俯就……这一切即便不是尼采后来宣称的面具,也全然是模仿。机敏,无偏见的、可靠的模仿,说到底是奇怪的苍白和倦怠,它们暴露了同情的观察者的面貌,类似于一个人在此说"这是件与他毫无关系的事情,但好像又同他有某种关系"①。但当诗人回首过去,反观自己的意图和意识,觉得自己好像"注定就抱持乐观主义"之类的,他就完全歪曲了自己的实情。

不过我们更应该说(《查拉图斯特拉如是说》第28页),他早先的"蜕皮"解放出他自己过去被压制的素质和倾向,因为他无论如何都是一位精神丰富的人,或者正像他的门徒说的,他具有一种多调(polyphone)本性。但他本性里的这些因素并不注定会统治他,因此它们纯粹只是他所用的实验标本而已,他以此展现他自己,他的真实自我,同时他又能否定它们,把它们从自己身上丢出去。外在环境促成了他的展示:他的个人职业更多地将他引向科学领域,而非艺术领域;时代精神随之抓住了他,就时代精神的主导特征而言其也是科学的,而非艺术的。

对诸对立的综合(Sythese),本来必须内在于他思想的发展趋势之中,但正像我们之前已指出的,他没有成功地做到这一点。这本会在他身上塑造出一位真正哲学家的性格。此外,外在的环境也阻碍了他,如果我们在此应将他即将复发的身体疾病理解为外在环境的作用的话。

---

① 此处据滕尼斯的引用译出。

曾经令他愉悦、对他身心有益的友情就在这一转折时刻破裂了,导致他新的忧郁、激动和疾病,还有伴随而来的加剧提升的自我感,这些激情越来越激烈地、急切地在他一本接一本的著作当中释放出来。和他第二个阶段的成熟、温和的风格截然相反,现在他越发表现出一种悸动的甚至悲叹不已的苦涩腔调。过去既磅礴又松弛的文风,如今时而浮夸,时而臃肿。这样看来,我们尽可以用一句古德语的诗句"他违背自己的意愿而意欲另一个东西"(Wider sînen willen gêrte er)①来形容尼采;因为像这样的戏剧姿态绝非他赞赏的其他作家和艺术家所有。对于最后一个时期的尼采,我们应当用他自己在这一阶段的第一本书②里评论所否定了的瓦格纳的《纽伦堡的名歌手》(*Die Meistersinger von Nürnberg*)序曲的话,来点评他的性格特征:

　　一身笨重的衣着,有点儿任性、野蛮、兴高采烈,

---

① 这句诗出自中世纪日耳曼诗人戈特弗里德·冯·斯特拉斯堡(Gottfried von Strassburg)所著史诗《特里斯坦与伊索尔德》(Tristen und Isold),不过滕尼斯做了改动,原诗为:"他违背自己的意志而得到相反的东西/他违背自己所欲去欲望另一个东西/他想要这个却要的那个。"(Wider sinem willen criegret er,/er gerte wider siner ger:/er wolte dar und wolte dan.)
② 指《善恶的彼岸》(*Jenseits von Gut und Böse*,1886)。

透出学问来令人敬畏的稀世珍品光怪陆离;一些德国味,在最好和最坏意义上的德意志风格,即德国式的多样、无拘束和取之不竭;一种德国心灵的伟大与充溢,它不怕躲在堕落的精美长袍底下——也许心灵在那儿才觉得最舒坦;一种名副其实的德国心灵的标志,既年轻又衰老,既千疮百孔又前程似锦。①(《善恶的彼岸》,第240节)

然而在尼采身上,一切都不是日耳曼式的;他性格里的波兰属性(Pole)浮现出来了。或者,可否说他性格里混合着多种族的因素,它们多种多样又矛盾重重,相互仇恨,一并存在于他的心灵中?

但我们决不能隐藏这样一个事实:有些强大的、闪耀着天才光辉的东西在他的作品里涌动和颤抖,正像它们鲜活地存在于这位创作者的灵魂之中那样。他的《查拉图斯特拉如是说》一书非凡地彰显了如是特征,充斥着仇恨、华丽、扭曲且粗野的内容,有时它们甚至还支配了整本书的格调。可这本奇异之书的美学价值不在我们当前的判断之内。

我们已经把握了尼采思维方式的运动轨迹,因而注

---

① 尼采:《善恶的彼岸》,魏育青等译,华东师范大学出版社2020年版,第207—208页。

意到以下事实:最初的《查拉图斯特拉如是说》(现在即这本书的"第一部分",但显然尼采一开始是要让这个部分充当全体的)本质上仍遵循他第二个时期的风格,也就是说,遵循他的科学阶段的风格。人们可能会猜测,尼采当时就知道,为新观念奠基需要十年时间,这首作为他幻想的自由作品的诗,令他无比快乐,而且这首诗具有一种无辜而友善的性格。查拉图斯特拉"愿馈赠和给予","意欲再度为人","他的眼睛纯净,口中毫无厌恶"。"查拉图斯特拉变形了,查拉图斯特拉成了孩子,现在,查拉图斯特拉是位觉醒者:你在沉睡者之中意欲什么呢?""你曾在孤独中生活,如浮于海,而大海负载着你。唉,现在你意欲上岸?唉,你意欲再度拖拽你的身体?""查拉图斯特拉回答道:'我爱人类'""……"查拉图斯特拉对民众如是说:我向你们教授超人……超人是大地的意义。让你们的意志说:超人应是大地的意义!"信仰超人,相信他应到此并在此生活,这一信仰如此确定,以至于取代了对上帝的信仰。"上帝已死""上帝死了"这样的话现在常被我们听见,人们颇为喜悦地说出这一形式简单却又极具颠覆意味的句子。

那么被多次呼吁的超人是什么意思呢?在这里以及从一开始,超人就是某种无害的东西。正是进化论激发起尼采的超人思想。超人的创造应当完全被理解为生物学意义上的事实。"迄今为止的一切存在之物都创造了某些超越自身的东西……你们已经完成由蠕虫至人的道路……你们曾是猿猴。"(《查拉图斯特拉如是说》"查拉图斯特拉的前言",第3节)实际上,这仅仅兴奋地表达了进化论之前就已存在的思想,很早以来人们就相信文化人从野蛮人发展而来。因为这个结论太容易想象出来了,即有更高文化的、更完善的人发源于未经完善教化的人。对此,伦理学家同时会补充说,更高文化的人应当从未经教化的人那里发展出来。

查拉图斯特拉的布道,乃是一场真诚的、庄重的、不无理性的布道,尽管他常常用奇特的、矫揉造作的同时却也华美的、高尚的、贵气的言辞。他宣告对生命的信仰,呼吁人们不要屈从于当下;他建议不要去工作,而要去战斗,不要追求和平,而要赢得胜利;他警告圣化"国家"之举,提醒人们提防国家的谎言,即所谓国家就是人民。"那里,国家停止的地方,才开始有不负多余的人。"他劝说人们逃向孤独的所在,在那里领受刺骨的、强冷的空气。他赞美贞洁,如果贞洁并不沉重且它"彻底"的话;他歌颂朋友,如果朋友是猜测和沉默的大师的话;他指责"人类"仍然缺乏目标,根本上他们缺乏自己;他建议爱最远的人来取代爱邻人;他赞赏意欲超越自己而创造,并因此而进入毁灭的人;他带着怀疑和愤怒,试图解开女人之谜;他追问的正义,带有注视之眼的爱,他追问的爱,既能承受一切惩罚,又可承受一切罪过;他称婚姻的意志为神圣,如果这种意志意味着对超人的渴望的话;他推荐在正确的时刻自由地死亡。最后他做了《论"馈赠的道德"》的告别演说:"馈赠的道德,它罕见、无用、光泽耀眼而和易,它是一种幸福而神圣的渴望,一种统治的思想,环绕它的,是一颗聪明的灵魂,是一轮黄金般的太阳,环绕它的,是那条知识之蛇。"随后他预言:"伟大的正午,此刻人类居于其轨道的中心,身处动物和超人之间,庆祝作为他最高希望的向晚之途:因为这是朝向新的朝霞之路。"

这个理想是否包含着一种对野蛮的赞美,是否希望将过去或现在人们的强力行径(Gewaltthaten)提升为衡量人类伟大程度以及接近超人的程度的标准呢?事实绝非表面看上去的那样。与其说超人同暴君和野蛮人接近,不如说同智者更近,他乃一位高贵而温和的知识英雄……

然而紧接着《查拉图斯特拉如是说》的三部新篇章被创作出来。这段时期尼采必定再度陷入了孤独,他绝望于此前的为世界学说(Weltenlehre)奠基的想法。因此他诗化了世界学说,将之写进《查拉图斯特拉如是说》一书里。永恒轮回压倒了进化论,超人越来越被带入现实当中。他刻画"权力意志"耸立起的高峰;让自负和傲慢取代了希望、创造的快乐以及冷静的劝告；查拉图斯特拉认为自己是超人，他蔑视地瞧着那些渺小的、卑微的群众，不再投以爱和宽容的目光；他斥责幸福与美德的学说为人类衰弱的原因（第247页），他要对性欲、统治欲、自私"做一番人性的、好的称量"（第275页），也就是为它们辩护，甚至想要称赞它们是神圣的，他创造了新的法版，上书"不要关爱你的邻人"（第291页），他嘲弄"你不应当偷盗，你不应当杀人"的话语神圣性，因为在所有生活本身中就有抢劫和杀戮（第295页），他宣称要"打碎好人和正义之人"，呼吁"变得坚硬"（第312页）。面对在新法版上写下他的新价值的激情，他颤抖不已：啊，这样一位气喘吁吁、情绪肆虐、狂躁不安、怒吼狂叫、完全丧失了道德的查拉图斯特拉！

然而在后三部之中，在它们之前以及之后（尼采自己在更伟大的时刻厌恶"骇人地抽打鞭子"，第330页）充满带着美妙而有力旋律的章节和演说。正是在"最寂静的时刻"，即第二部的结尾，它号召他下命令，以命令前行；它无声地对他说："你必须变成孩子，而无羞耻。"它告诉他重回孤独里去，因为对他的果实而言，他还不够成熟。随后是第三部里的深刻有力的牧人寓言（第233页及以下），蛇爬行到这牧人喉咙里，但查拉图斯特拉向他呼喊道："咬吧！咬吧！咬下蛇头再把它吐远，向上挑起，以从来不属于人的笑来笑。"对这种笑声的渴望蔓延到先知的心灵深处……此乃知道永恒轮回和必然性的人的笑声。他快乐地肯定它们,手舞足蹈地唱着他的歌,唱着他的舞蹈之歌,他的七个印章之歌、"是"和"阿门"之歌;当他绝望,因厌恶而倒下,盛怒,在床榻躺了七天之久,他的动物们,即蛇与鹰对他说:

> 如我们一般的思考者认为,一切事物自己舞蹈:它们来了,伸手,且笑且逃——复又回来。
>
> 一切离去,一切复归;存在之轮永恒运转。一切亡逝,一切复又盛开,存在之年永恒奔走。
>
> 一切破碎,一切重新聚合;存在的同一屋宇永远自我建筑,一切分离,一切复聚,存在之环永远持守自我。
>
> 存在开始于每一瞬间:"彼处"之球围绕每一个"此处"转动。中心遍于各处,永恒的蹊径蜿蜒曲折。
>
> ············
>
> 因为你的动物们非常明白,哦,查拉图斯特拉,你是谁,你必将为谁:看,你是永恒轮回的教师——现在,这是你的命运!
>
> 看,我们知道你的教诲:一切事物皆永恒轮回,包括我们在内,我们在此存在的次数已是永恒,与一

切事物一起。

你教诲说,有一个伟大的生成之年……它必然如沙漏一般,总是一再重新颠倒,以便重新漏下,漏完……

哦,查拉图斯特拉,倘若你现在意欲死去:看,我们也知道你此时将如何向自己说话……

你说话时将不再颤抖,甚至因幸福而舒怀……

"我现在就要死去,并且消逝,"你将会说,"我瞬间成为一种虚无,灵魂如肉体一般死去。

"但是,我被缠绕其中的原因的纽带,又将复返——它将重新创造我!我本身就属于永恒轮回的诸种原因。

"我复返,与这个太阳、与这个大地、与这只鹰、与这条蛇——不是来到一种新的生活或更好的生活,或类似的生活:

"——我永恒轮回于这相似的、同一的生活,无论在最伟大之处还是最渺小之处,我又重新教授一切事物的永恒轮回——

"以便我重说关于伟大的大地正午和人类正午的话语,以便我重新向人类宣扬超人。

"我说着我的言辞,我因我的言辞而破碎:我的永恒的命运意欲如此——我作为宣扬者而没落!

现在,是时候了,沉落者祝福的时候。如是——查拉图斯特拉的沉落结束了。"①

此后有首十一诗行的歌曲,它为伟大的正午做了准备,后来在"间奏曲"(第四部分)里,它也被称为漫游者之歌、醉歌或查拉图斯特拉的轮唱:

1. 哦,人类!留意!
2. 深沉的午夜在说什么?
3. "我睡了,我睡了——
4. 我从深沉的梦中醒来:——
5. 世界深沉,
6. 比白昼还要深沉。
7. 它的痛苦深沉——
8. 快乐——仍比心的痛苦深沉:
9. 痛苦说:流逝吧!
10. 一切快乐还意欲永恒——
11. ——意欲深沉的,深沉的永恒!②

---

① 尼采:《扎拉图斯特拉如是说》,娄林译,华东师范大学出版社 2022 年版,第 427—428、433—435 页,部分译法有改动,下同。
② 同上书,第 447—448 页。

所以在尼采身上,诗人的生命再度活起来了。他的诗人天性比他的判断力要强大得多。他希望促进科学,为真理奠基,从他口里流露出来的却是酒神赞歌(Dithyramben)。他重新谈的神,乃是心灵的征服者:"那位模棱两可、长于诱惑的神。正如你们所知,我曾以最隐蔽的方式,带着最深沉的敬畏,将我的处女作献给了他……在之后的一段时间里,我对关于此神的哲学又有了许多、太多的了解,就如俗话所说的口口相传——我,作为狄俄尼索斯神的关门弟子,也许总算可以给你们,朋友们,如果允许我这样做的话,介绍一下这种哲学了?我压低嗓音,这也是应该的:因为这涉及一些隐秘的、全新的、陌生的、神奇的、惊人的东西。"[1](《善恶的彼岸》,第295节)故而查拉图斯特拉本人被称作狄俄尼索斯,乃狄俄尼索斯出发时的另一个自我,是一位"狄俄尼索斯的恶魔",不过在他第一次出现的时候,我们仍把他看成阿波罗式的光的先知。"查拉图斯特拉这个舞蹈者,查拉图斯特拉这个轻盈者,他以羽翼招摇,一个准备飞翔者,向所有鸟儿示意,准备停当了,一个福乐而轻率者——查拉图斯特拉这个预言者,查拉图斯特拉这个真实的欢笑者,并非一个不耐烦者,并非一个绝对者,并非

---

[1] 尼采:《善恶的彼岸》,魏育青等译,华东师范大学出版社2020年版,第276—277页。

一个喜欢跳跃和出轨的人……这欢笑者的王冠,这玫瑰花冠:你们,我的兄弟们呵,我要把这项王冠投给你们!我已宣告我的欢笑者是神圣的。"①(《查拉图斯特拉如是说》第 4 部,第 87、89 页,以及《悲剧的诞生》新版前言②,载《尼采作品集》[Nietzsches Werke]第 1 卷,第 14 页)。他称"狄俄尼索斯——酒神颂歌"(《尼采作品集》第 8 卷,第 359—378 页)为查拉图斯特拉之歌;《查拉图斯特拉如是说》这部主要作品的第 4 部本应冠以"狄俄尼索斯,永恒轮回的哲学"这个名字。然而狄俄尼索斯始终隐而不露。我们还能在其中发现一个严肃思想的结晶体吗? 或者发现的是醉醺醺地笑着的愚蠢,对世界、思想和他自己的嘲弄? 当忧郁的,"黄昏的恶魔"的精神降临到他身上,他怀疑起自己,悲叹起来:

你? 真理的追求者吗? ——他们如此嘲讽——
不! 只是个诗人!
....
只是个傻子! 只是个诗人!

---

① 尼采:《悲剧的诞生》,孙周兴译,商务印书馆 2012 年版,第 15—16 页。
② 指《一种自我批评的尝试》。

我也曾如此沉降,

从我的真理幻想中。

从我的白昼渴望中,

倦于白昼,因为光明而致病,

——向下沉降,向黄昏,向影子:

被一种真理

灼烧焦渴:

——你想起了吗,你想起了吗,热烈的心?

你曾经多么渴求?——

但愿我遭放逐,

离开所有的真理

只是个傻子!

只是个诗人!①

紧接着的是我们已经引用过的(该书第 52 页及以下②)《快乐的科学》的新版前言里的话。他在新增的第 5 卷里提出,"为何要科学"这个问题又导回道德问题上来了:如果生活、自然和历史是"不道德的",那么为何还要

---

① 《查拉图斯特拉如是说》第 4 部,载《尼采作品集》第 6 卷,第 434 页及以下。——作者(中译本参见尼采:《扎拉图斯特拉如是说》,娄林译,华东师范大学出版社 2022 年版,第 575、578—579 页。——译者)
② 似标写有误,应为第 53 页及以下。

道德呢?……"据说人们已经领悟(我也早就认为),我们对科学的信仰始终还是基于一种形而上学的信仰。我们,当今的求知者、无神论者和反形而上学者,也是从那个古老信仰,亦即从基督徒的和柏拉图的信仰所点燃的千年火堆中取自己之火的,认为上帝即真理,真理是神圣的……可是,倘若这信仰越来越不可信,倘若没有任何东西证明自己是神圣的,倘若上帝本身也证明自己是历时最久的谎言,那将会怎样呢?"①(《尼采著作集》第5卷,第275页及下页)

因此那些意愿着谎言的傻子和诗人,由于世界就是谎言,而他们肯定了虚幻的世界,故而他们必然再度转向神,停止追求不美的真理,去做"适当的举动",即"不要露骨地审视一切,不要亲历一切,不要理解和'知道'一切","自然就是因为这羞愧心才把自身掩藏在谜的背后"。②这一要求事实上多次在前言里提到。

但他在同一时期,1886年秋天在热那亚附近的卢塔为《朝霞》撰写的新前言里,萌发了一种不同的情调,甚至完全对立的想法:

---

① 尼采:《快乐的科学》,黄明嘉译,华东师范大学出版社2007年版,第327页。
② 同上书,第42页。

无可怀疑,一种"你应当"的声音同样在我们的心中响起,一道严厉的道德星光同样在我们的头上闪烁——此乃道德最后的可见光,它仍然照耀着我们最后的道路,因而至少就此言之,我们仍然是良知之人;我们仍然是良知之人,因为我们不想回到任何过时和陈腐的东西那里,回到任何"信仰扫地"的东西那里,无论这些东西被冠以怎样堂皇的名字——上帝、美德、真理、正义、博爱;因为我们拒绝通过谎言的桥梁回到过去的那些理想;因为我们坚决与一切企图调和与中和我们的东西为敌;与现在的每一种信仰和基督信仰为敌;与所有浪漫主义和祖国崇拜的杂种为敌;还与那些聒噪不休,要求我们作为艺术家,在我们已经不再相信的那些事物面前顶礼膜拜的艺术家的放荡和无耻为敌;总之,与所有永远在"提高"我们因而同时也是永远在"降低"我们的欧洲女性主义(或者说欧洲唯心主义,如果你愿意这样称呼它的话)为敌。①

在这些皱皱巴巴的文字背后隐藏着不确定和窘迫,它们源于作者在"艺术观"和科学观之间的摇摆不定。他

---

① 尼采:《朝霞:关于道德偏见的思考》,田立年译,华东师范大学出版社2007年版,第38—39页。

时而以艺术家的口吻说话,时而以哲学家的口吻说话,不过无论哪个身份,都无条件地将道德当成论敌来对待。艺术家尊崇权力意志,因而崇拜强者、天才或超人的意志,他嘲笑道德,蔑视它阻碍了更高贵的生命,甚至是生命本身的障碍。哲学家反对道德,则出于对真理和明确性的爱,因为他发现道德乃"哲学家的喀耳刻"①,会迷惑现实(《朝霞》,前言第 5 页及以下);因为他知道"上帝已死",知道"我们的整个欧洲的道德"以及许多其他的建筑物"现在必然倒塌,因为它们原本是奠基、依附、植根于上帝信仰的"。(《快乐的科学》第 5 卷,载《尼采作品集》第 5 卷,第 271 页)

艺术家和哲学家都在抵抗对方的影响。艺术家拒绝对于真理、揭秘和启蒙的无条件的意志,在他看来,这种自负之举是极粗野的;统治者不可避免地要使用道德谎言,以此作为自己的权力工具;查拉图斯特拉—狄俄尼索斯想要迷惑其他人,因而不得不承受自身被迷惑的危险,他希望维护权威,而道德正孕育着顺从,孕育出对权威的尊敬。哲学家则要逃避顺从,他将道德看成问题,因此除了道德的真理以及道德真理之上的东西即道德预设的真理,道德的价值还被视作一种可疑的"药物"

---

① 喀耳刻(Circe)是荷马笔下善于使用魔法的女巫,乃太阳神赫利俄斯(Helios)的女儿,她迷惑了奥德修斯,把奥德修斯的同伴变成了猪。

(《快乐的科学》,第278页),他还发现道德几乎不可避免,尽管它只是凶猛野兽的伪装,只是装饰品,将欧洲人打扮得高尚、重要、体面,乃至"神圣"了些。(《快乐的科学》,第289页)

第19节

散文作品—性格—外在形式—内在形式与风格—幻想—非自由的自我批评

在尼采最后阶段的散文作品(我们这样称呼是为了同《查拉图斯特拉如是说》的体裁区别、对立)里,他聚焦于对道德的批判,为"重估一切价值"做准备。这个阶段凝缩成1885至1888年(包括这一年)这短暂的几年,囊括了他的如下作品:《善恶的彼岸》(第一版配以大胆的副标题"未来哲学序曲")、《道德的谱系:一部论战作品》、《瓦格纳事件:一个音乐家的问题》(*Der Fall Wagner. Ein Musikanten-Problem*)作者本人将一出间奏曲称作一场恶作剧)、《偶像的黄昏,或怎样用锤子哲思》(*Götzen-Dämmerung, oder, Wie man mit dem Hammer philosophirt*),最后是应被称作《权力意志:重估一切价值的尝试》(*Der Wille Zur Macht. Versuch einer Umwertung aller Werte*)的"第一本书",其书名是《敌基督者:对基督教的诅咒》(*Der Antichrist. Fluch auf das Christentum*)。

这些作品就它们的外在形式(或无形式)而言,与他第二个阶段的著作并无显著区别;然而他如今更努力地要去建立更牢固的联系、更严密的结构,克服格言的或者我们更爱称呼的碎片化的写作性格。但与此同时,作者孤芳自赏的心态越发浓重,他自以为已经将"格言体"提升为一种艺术形式,进而要求人们足够认真地对待它,建议对它做充分的艺术阐释,等等。

正如我们讨论《查拉图斯特拉如是说》时已经指出的,这些作品因其内在形式和风格同作者早期的著作截然不同,而这又使得它们处于不利地位。明朗和平静已成过去,现在占据在字里行间的乃无比狂热的急迫以及反复无常的激情。在我们上面提到的第一本书[①]里,他借用"最后一位伟大的"心理学家司汤达为自由精神的哲人描绘的"最后一笔",写道:"'作为一个优秀的哲人,'他认为,'必须沉着冷静、思路清晰、不抱幻想。一个积累财富的银行家具有一部分哲学认识所要求的能力,那就是对存在之物的必要的洞见。'"[②](《善恶的彼岸》,第39节)

尼采臆想自己是这样一位发现者:这种幻觉强有力地支配着他。他的自我越发强大;他自夸通过查拉图斯

---

① 指《善恶的彼岸》。
② 原文为法文,参见尼采:《善恶的彼岸》,魏育青等译,华东师范大学出版社2020年版,第60页。

特拉,馈赠给"人类"最深刻的书(《尼采作品集》第8卷,第165页)。他坚信自己是无所不知、无所不晓的心理学家,是无限地超越了自己时代的超能哲学家,是宣告超人的先知,是讲授永恒轮回的教师。

尼采是否就事论事呢?不是的。这些作品之所以能令不成熟的读者快乐,是因为它们行文流畅、文辞涌流,却不过是仓促的雄辩而已;他偏爱夸张的表达,激烈的谩骂,无休止地言说个人的感情。

尼采的思想是否清晰呢?是的,他的基本思想很清楚;但是在这些思想之间,充斥着那么多暗淡的东西,那么多的暗示、神秘,那么多戴着面具的华丽言语、艰深且太过艰深的表达,以致舍弃了被理解的可能;此外,其中还遍布他所谴责的艺术家的虚荣、艺术家的神秘主义的内容!

尼采不像一位对自己的财富感到安心的银行家,毋宁越来越像一位破产了的商人,他建造着空中楼阁,却不能为此支付房租。

第20节

颓废—徒劳的抗拒—关于颓废判断的不充分—"体系"—作为"思想家"的尼采

尼采本人最喜欢用的词语变成了"颓废"(décadence),他喜欢用这个词来"解释"一切令他不快的想法。他知道,他自己"与瓦格纳一样也是这个时代的产儿,就是说,也是一个颓废者",只不过他理解了这一点,他身上的哲学家因素抗拒了这一点(《尼采作品集》第8卷,第1页)。①

事实上,他的抗拒徒劳无功。他只在一些瞬间预料到自己感觉里的病态,预感到自己内心里增长着的厌恶、蔑视、傲慢甚至狂妄自大。在他以为要去抗拒的地方,反倒越在心灵深处投降了。颓废问题是"他最深层的关注"(《尼采作品集》第8卷,第1页),但他只以不完善、不充分、片面的方式把握住了它。他看到并敏锐地描绘了一些颓废的症状,然而在大多数时候,当他臆想是自己首先看出且描绘了它们时,他无疑陷入了谬误。他想着仅仅

---

① 参见《瓦格纳事件》的序言。

用一套公式,然后变换着不同的表达,一劳永逸地解决复杂的问题,即批判道德是对生命的否定,是堕落和倦怠的标志。

我们将考察他的批判,并且发现他在此仅仅将道德理解为赞成同情和利他主义之举。他对健康文化、繁荣而成熟的社会生活的现实特征知之甚少;对作为资本主义结晶化以及人民无产阶级化的伟大经济革命毫无认识,事实上,经历了过去几个世纪,经济革命到19世纪增长了10倍的能量。他亦未能把握男性精神同女性精神之间的对立,以及它们的相似化:女性的男性化、男性的女性化,两者共同构成一个自身瓦解的社会状态的特征,而并非只有后一种现象存在。极端的、有意的自我主义同极端的、有意的利他主义皆源于男性精神同女性精神的分离与混合,就它们支配的领域大小而言,自我主义同利他主义的力量比大约为5∶100。尼采对人身体的、理智的与道德的退化现象与原因也几乎毫无认识。当他"最深刻地"反思堕落问题时,他思想的文字痕迹不幸地十分浅薄。此乃由他自己的同情激起的颓废痕迹。

然而尼采本人正是在这些最后阶段的著作里现身,并由此大获成功的,不仅一班库瑞忒斯①紧紧依附于他

---

① 库瑞忒斯(Korybantes),古希腊神祇,弗里吉亚地母神库柏勒(Kybele)的祭司和追随者。在祭祀的时候,他们击鼓并跳着迷狂的舞蹈。

的名字(对此,他的查拉图斯特拉应当起到了更大的作用),而且他被学界极认真地对待,好像他的思想整体具有什么科学价值。露·安德烈亚斯-莎乐美是第一位谈到尼采的思想体系的人,我们将看到,莎乐美的讲法是不对的;自她的著作出版后,尼采研究迅速兴起。亚历山大·梯勒先生①写了一本"进化的伦理之书"《从达尔文到尼采》(*Von Darwin bis Nietzsche*);就在我写完本书之时,一位哲学教授开始发表论《作为思想家的尼采》("Nietzsche als Denker")的论文②,另一位教授则希望将尼采置于"哲学经典作家"的丛书系列里来展现③。

是什么促成了这些评价?无疑,尼采本身是一个非常奇特而重要的现象,他是一位极有见地、十分出色的作者,有着富于灵感和原创性的措辞。从他的头两个阶段来看,显然他还够不上是一位原创性的、彻底的思想家,那么最后一个阶段里的他呢?他的"学说"如彗星般上升到一个世界性的大事等级里,它照亮了他的名字,使他的

---

① 亚历山大·梯勒(Alexander Tille, 1868—1912),德国哲学家,社会达尔文主义的极端拥护者,格拉斯哥大学讲师,在 1896 年出版了第一部尼采《查拉图斯特拉如是说》的英文译本。
② 指阿洛伊斯·里尔(Alois Riehl)发表在《真理》(*Die Wahrheit*)杂志上的论文。
③ 即阿洛伊斯·里尔的《弗里德里希·尼采:艺术家与思想家》(*Friedrich Nietzsche. Der Künstler und der Denker*),该系列由斯图加特的弗罗曼出版社(F. Frommannsche Verlag)于 1897 年出版。

名字成为一个原则、一种世界观的代表。那么这从社会科学的眼光来看是正常现象吗？或者这是一个病态现象？属于颓废？

在本部批判的开头处，我们就对自己的判断无所怀疑；现在我们有必要深入地考察尼采独特的"学说"。

第21节

实践方向—主人道德与奴隶道德—人种学—犹太人—怨恨—金发野兽—羔羊与猛禽—"好与坏"和"善与恶"—罗马反对犹太

如果人们相信,尼采就诸道德判断与道德思考方向的起源、意义以及它们间的争论已然建立起协调一致的理论,那么他们无疑犯了错。唯一可以确定的是他的这批最后阶段的作品的实践方向:它们绝对地指向贵族主义(aristokratisch)和男权主义(androkratisch),即只有最优秀者,也就是最强大、最健康、最勇敢的人,以及唯独男人(尽管尼采并没那么明确地说出来)才应当是统治者,并作为统治者将自身以及自身的诸品质树立为榜样,他宣称更高贵的生活方式、权力和奢华才是正义与善,才是最值得尊敬和崇拜的东西。故而尼采认为自己有责任让这种对于事物、人及其行动的贵族主义的评价标准发挥效力。

那么他是怎么做的呢?他首先将民主主义的评价标准同道德的评价标准画上等号,或者说将道德的评价标准视作民主主义的评价标准,继而宣称自己是一位非道德者(Immoralisten),并用另一种方式表达了同样的想法,即把主人道德和奴隶道德对立起来,为主人道德辩护,高扬主人道德。与此同时,他结合了由《善恶的彼岸》暗示的观点以及在《道德的谱系》里集中探讨的观点,指出这两种道德类型处于必然的相互斗争的关系里,主人道德乃原始的、合乎自然的类型,反之,奴隶道德意味着革命,意味着道德领域的"奴隶暴动";重建主人道德便无异于合法的统治权的复辟。然而根据尼采绘制的道德图样,两种道德已经陷入不可调和的冲突中了。

主人的道德评价来自他们自身占有的快乐:高贵者、有力者、勇敢者就是好(gut);相反,普通人、卑贱者、弱小者、胆怯者就是坏(schlecht)。不过"坏"这个否定性的概念只是"与它本身肯定性的基本概念相比较而言,只是后来形成的、苍白的对照图像,它那肯定性的基本概念里完完全全充满了生命和激情:我们是高贵者,我们是好人,我们是俊美的,我们是幸福的"[1](《道德的谱系》,第17页)。这个否定性的概念源于蔑视;它可能混合着善意和体贴,所以"坏"首要地意味着"不幸"。

这种评价方式很可能是原初的、保留在语言里的方式,尼采尝试通过语源学(Etymologien),从许多语言里

---

[1] 尼采:《道德的谱系》,梁锡江译,华东师范大学出版社2015年版,第79页。

寻找对他有用的词语。但"奴隶暴动",或者说对赞美强者的反抗,在他看来乃支配着过去2000年的一个历史事实。"正是犹太人"(他在这里想到的是祭司、先知,最后是基督教的建立者),"他们以一种令人恐惧的逻辑性,勇敢地改变了贵族的价值方程式,并且怀着最深的仇恨虚弱(无能的仇恨),用牙齿将这一改变紧紧咬住:唯有困苦者才是善人;唯有穷人、虚弱无能的人、下等人才是善人;唯有忍受折磨的人、遭受贫困的人、病人、丑陋的人,才是唯一虔诚的人,唯一笃信上帝的人,唯有他们才配享受天堂里的至乐。你们却相反,你们这些高贵者和强力者,你们永远都是恶人、残忍的人、淫荡的人、贪婪的人、不信上帝的人,你们将永远遭受不幸,受到诅咒,并将罚入地狱!"[1](《道德的谱系》,第13页)

在此,尼采考虑的主要问题是仇恨的反应和转向,以及针对主人等级的怨恨和复仇。因而在怨恨的道德意义上,谁是真正恶的呢? 恶不过是另一种道德意义上的"善",是高贵的人、有权势的人、统治者。事实上,"这些有权势者,这些高贵的种族从外部看来是邪恶的敌人,同样是这些人:一方面,他们受到风俗、信仰、习惯、感激情绪的限制,同时也更多地受到彼此之间的互相监视与嫉

---

[1] 尼采:《道德的谱系》,梁锡江译,华东师范大学出版社2015年版,第75—76页。

妒的严格限制;另一方面,他们在相互关系方面又表现出极大的相互体谅、自我克制、体贴、忠诚、自豪和友情"①(《道德的谱系》,第21页)。他们的本性则无异于"猛兽,非凡的、贪婪地渴求战利品与胜利的金发野兽"(《道德的谱系》,第21页)。"羔羊怨恨大的猛禽,这并不奇怪,但荒谬的是要求强者不要表现为强者,这就如同要求弱者表现为强者一样荒谬;相信一个行动的主体是一个统一体,并将行动同主体区分和分离出来,这种信仰脱胎于语言,由此传到了普遍的思维当中;怨恨的道德利用了它,让强者可以自由选择变为弱者,猛禽可以自由选择成为羔羊——这样,怨恨者就赢得了把自己算作猛禽、让自己成为猛禽的权利……被压迫者、被践踏者、被强奸者出于无能者的复仇阴谋的考虑而私下说:'让我们不同于恶人,让我们成为善人!善人就是所有不施暴强奸的人,不伤害他人的人,不攻击别人、不报复别人而把复仇的事交给上帝决定的人,他们就像我们隐藏自己,避开一切邪恶,不贪图享受,像我们一样忍耐、谦恭和正直。'——如果冷静而不带先入之见地仔细倾听这样的话语,这段话实际上无非是说:'我们弱者确实是软弱;只要我们不做任何能够暴露我们在这个方面还不够强大的事,这就是

---

① 尼采:《道德的谱系》,梁锡江译,华东师范大学出版社2015年版,第83页。

善。——但是,这一糟糕的事实,这种就连昆虫都有的低级智慧……却通过无能的作伪和自欺,给自己披上了道德的华丽外衣,忍让着,平静着,静候着,就好像弱者的软弱本身——这就是他的本质,他的作为,他的全部的、唯一的、必然的、不可代替的真实性——就是一种自发的功能,是某种自我要求的、自我选择的东西,是一种行动,一种功绩。"①(《道德的谱系》,第27—28页)

因此和恶的概念相对的善的概念产生出来了,相反地,坏的概念仅仅被想象为高贵的善的概念对立者。"'好与坏''善与恶'这两个对立的价值观千余年来已经在地球上进行了非常可怕的斗争;尽管第二种价值观长期以来占据上风,但这场斗争在很多方面仍未分出胜负,仍在继续斗争。……这场斗争的象征贯穿了全部人类历史,至今仍然清晰可辨,那就是'罗马反对犹太,犹太反对罗马'——迄今为止,还没有出现过比这场斗争、这个问题、这种不共戴天的敌对矛盾更大的事件。"②(《道德的谱系》,第34页)

---

① 尼采:《道德的谱系》,梁锡江译,华东师范大学出版社2015年版,第90页。滕尼斯对尼采的原文有改动,此处据滕尼斯的文本译出。
② 同上,第98页。

第22节

不同的理论—作为道德之母的恐惧与畜群本能—本能的权威与理性的权威—畜群本身即高贵—哲人与现代的观念—对宗教的判断

如果说尼采十分骄傲于他发明的这重对立,而且这重对立构成了他研究道德的唯一有效的论题,那么就让我们考察一下它吧。

事实上,这一说法并非实情。《善恶的彼岸》一书提出了道德论题,然而支配全书的乃一个完全不同的理论。在这里,并非骄傲是一种道德的起源,复仇是另一种道德的起源,毋宁说,恐惧是道德之母,所有被感受到的恐惧的总和、畜群本能产生了道德。然而在此,原始的道德内容,即所谓"畜群实用性"(Herden-Nützlichkeit),同爱邻人的道德截然相反;只要"目光还只聚焦于共同体的存活,只要不道德还完全定位于对共同体生活有害的东西;那么,'爱邻人的道德'就绝不可能存在"。"当社会结构似乎在整体上确立起来,看起来能够抵御外来危险之后,是这种对邻人的恐惧再次创造了道德价值判断的新视角。"迄今为止,某些强烈和"危险的本能""从公益的角度来看"获得了令人尊敬的名称,被广而教之、积极培育,现在它们被共同体(也就是一个被想象为统一体的整体)"加倍地体验到危险性","被打上不道德的烙印","对立的冲动和倾向获得了道德上的尊重"……"有多少对公众和平等的危害存在于一种意见、一种状况与情感、一种意志、一种天赋之中",这在今天成为道德标准,"一切能使个人超越群体、使邻人产生恐惧的东西,从今以后都会被称作邪恶;得当、谦逊、顺从、安分的心态,适可而止的欲望,都获得了道德之名、道德之誉。最后,在极为祥和安宁的状况下,逐渐不再有机会和必要将人训练得铁石心肠"。① (《善恶的彼岸》,第124—126页)

因此这里涉及的并非对立,而是同一原则的发展、进步,可能直到它沦为有害的过度。"从对事物的价值评判的角度来说",这里所探讨的也是全然不同的对立,即本能或信仰的权威同理性或知识的权威之间的对立。理性(尼采对此提到了苏格拉底、伏尔泰,还提到过一次笛卡尔)在这里,正如在他的处女作(《悲剧的诞生》)那里一样,被视作瓦解、革命。"本能"(顺道说一句,今天的科学思想家不喜欢在不经分析的前提下运用一个概念)在此则意味着高贵(雅典人是高贵的,他们与所有高贵者一

---

① 尼采:《善恶的彼岸》,魏育青等译,华东师范大学出版社2020年版,第140—141页。

样,都是受本能驱动的人,①《善恶的彼岸》,第113页),但与此同时,本能无疑是非个体的、族群遗传下来的东西,尼采称之为"畜群"(《善恶的彼岸》,第114页);故而畜群自身即高贵者:这类思想五花八门的色调逐渐沦为混乱。道德的软弱化、恐惧和人性的过度,并不归罪于畜群自身,而要归罪于哲人、国家主义者、革命者,这些人天然地就是十分个体化的人,他们有学问,好冥思,热爱"真理",却跟健康的本能无所牵涉;反之,他们相对于畜群乃是被拣选出来的高贵者。

这些代表着"现代观念"的人,被尼采视作败坏人类者。"他们全力追求的,是绿草茵茵的牧场上的普遍幸福,那里没有人都能生活得稳定、安全、舒适、轻松。"②(《善恶的彼岸》,第58页)当然,这又是"作为畜群之人的本能",理性的革命者使之正当地存在并发挥作用。而人们认为这样的本能可以帮助自己,走上全然不同的、"高贵的"道路,进而宗教也即基督教"竭尽迎合和谄媚最微妙的畜群意志之能事"③(《善恶的彼岸》,第128页)。但这种情形不光存在于基督教的民众式起源里,毋宁说,

---

① 参见尼采:《善恶的彼岸》,魏育青等译,华东师范大学出版社2020年版,第5章第191节。
② 同上书,第64页。
③ 同上书,第5章第202节。

"所有宗教"都具有"一种骇人的危险",倘若它们"不是被当作哲人所掌握的培养和教育的工具,而是自行自主地运作"。①(《善恶的彼岸》,第81页)一方面,它们"力图保持、在生命中存留一切能保存者",是的,它们"原则上站在那些失败者一边,是受苦人的宗教——由此基督教败坏了欧洲的诸种族"。②(《善恶的彼岸》,第82—83页)此乃尼采同诸宗教做总清算所得出的结论。

另一方面,"那些强大、独立、注定要和准备好发号施令的人,在他们身上体现出一种统治种族的理智与艺术,对他们来说宗教不如说是另一种手段,用来消灭反抗、实现统治:就像一条纽带,将统治者和被统治者联系起来,将后者的良知,将后者隐藏在内心深处的不再臣服的想法,全都透露给前者,任由他支配"③。接着,"宗教也给予某些被统治者引导和机会,让他们准备迎接未来的统治和命令,那是些缓慢上升、相对强盛的阶级和阶层,他们通过幸运的婚俗,意志的力量和乐趣,以及自制的意志,都在不断增长——宗教提供了足够多的动力和诱惑,让他们走上通往高尚精神的道路,体验伟大的克己、沉默

---

① 参见尼采:《善恶的彼岸》,魏育青等译,华东师范大学出版社2020年版,第3章第62节。
② 同上书,第3章第62节。滕尼斯对尼采的原文有改动,此处据滕尼斯的文本译出。
③ 同上书,第86页。

和孤独——一个种族想要克服自己的下贱出身,向着未来统治者的地位奋力爬升,那么禁欲主义、清教主义几乎是必不可少的教养与改良工具"①。"最后是绝大多数平凡的人……宗教给予这些芸芸众生的,是价值不可估量的知足常乐,对自己处境和身份的满足,各种各样的内心平静,一再改良的逆来顺受,同一类人的幸福与痛苦,若干带着光环、经过美化的东西,一些为所有平庸、为所有卑微、为他们灵魂中所有半人半兽的贫乏辩白的正名之辞。宗教,以及宗教在生活中的重要性,都像闪耀的阳光,照在这些长年受折磨者的身上。"②(《善恶的彼岸》,第 79—81 页)

即便诸宗教有种种阴暗面,不过当尼采指出宗教使"人"这一种类还停留在低水平上时,他的言辞不乏亮点:"宗教一如既往地关怀所有类型的人,包括最高级的、迄今为止也是最受苦的人,但无论你怎样高度评价这些有养护和保存之功的关怀",你都不能轻易地做这样评价,"人们应当感谢它们,即独立自主的诸宗教提供的无价之宝啊;谁心中不是洋溢着感激之情,以免一无所有而愧对

---

① 尼采:《善恶的彼岸》,魏育青等译,华东师范大学出版社 2020 年版,第 86—87 页。
② 同上书,第 87 页。

如基督教的'教会人'迄今为止对欧洲做出的贡献!"①(《善恶的彼岸》,第82页)

上述所有内容都包含在《善恶的彼岸》一书里,这本书必定是一份证书,是尼采对肉食动物如切萨雷·博尔贾②和拿破仑这类奉行弱肉强食者本性的赞美词。实际上,这本书展现出尼采许多思想线索的交缠,多少有所根据,多少意义丰富。我们发现这位作者在其最后阶段的这部先行文本,即"未来哲学序曲"里,对历史上伟大的社会力量做了高度评价,但并没有对社会学家讲出什么新的、有重要意义的内容。同时,他的思维从未与历史保持一致,从而脱离出历史的轨道,他只是俯视人类历史的全部事实(《尼采作品集》第8卷,第2页),只是以布道甚至辱骂的话语对待这些事实的构造。

---

① 尼采:《善恶的彼岸》,魏育青等译,华东师范大学出版社2020年版,第88页。
② 切萨雷·博尔贾(Cesare Borgia,1474—1507),意大利枢机主教和大主教,瓦伦西亚公爵。他摧毁了许多封建君主国和城市势力,重组教皇国,不惜通过暗杀实现自己的权力扩张。马基雅维利在《君主论》一书里对他做了高度评价。

第23节

《道德的谱系》—不确定—祭司贵族反对战士贵族—言辞！—良知谴责—恶毒的另一种起源—进一步的矛盾—文化与基督教—《敌基督者》—连续的考察—其中正确的内容—历史错误—基督教与人性—自我主义的发展—自由竞争—利益的和谐—利他主义？—同情的道德？—相反的效果—平衡和反应

相较于《善恶的彼岸》,《道德的谱系》因其思想更清晰和统一而更胜一筹。"新"理论以千钧之力脱颖而出,大获全胜。即便如此,这一新理论的诸观念也并未达成一致。

概要地说来,被统治者、暴民以及对当下欧洲而言的雅利安人之前的居民,要为低劣的价值评价方式负责,要为民主的道德负责,因而在尼采的演绎里,决定性的一组对立产生了,对立的一方是一种贵族类型,即骑士的、战士的等级,"他们的价值判断前提是强壮有力的体魄"①(《道德的谱系》,第12页),对立的另一方是另一种贵族

---

① 参见尼采:《道德的谱系》,梁锡江译,华东师范大学出版社 2015 年版,第1章第7节。

类型,即"教士等级",他们有另一种评判高贵的方式,也就是教士的高贵价值评价方式,其顶峰就是"纯洁与不纯洁之间的对立",由此确立起了"精神"的崇高。"整个人类历史,"尼采说道,"假如没有这些无能者提供的精神,那就是一个蠢物。"在此,这些贵族、统治等级、祭司突然被尼采称作"无能者",他以此讲出了绚丽的、闪烁着光芒的句子:"祭司们是最邪恶的敌人——为什么这样说?因为他们是最虚弱无能的。"尼采仅仅将犹太人充作例子,即作为"祭司化的民族","善于仅仅通过彻底改变他们的敌人和专制者的价值观,也就是通过一个最精神性的复仇行动,而使他们向自己赔礼道歉"。[1](《道德的谱系》,第12页)因此,人们应当"已然猜出,祭司的价值方式是多么轻易地脱离了骑士—贵族的价值方式,然后继续向其对立面发展;尤其是每当祭司阶层与武士阶层互相嫉妒、不愿妥协的时候,都是引起这种趋向的动因"。(《道德的谱系》,第11页)人们必然只能猜想这件事,因为根本无法理解它如何产生,又在什么时候变成这般。毋宁就在这种情形产生之前不久,"从高度祭司化的贵族阶层的本质那儿,人们就清楚地看到,为什么恰恰是在人类的早期,价值对立能够以一种危险的方式被内在化和尖锐

---

[1] 尼采:《道德的谱系》,梁锡江译,华东师范大学出版社2015年版,第75页。

化",而且"事实上正是这种价值对立最终在人与人之间制造了鸿沟,就连具有自由精神的阿喀琉斯也不能毫无畏惧地逾越这些鸿沟"。①(《道德的谱系》,第 10 页)。言辞,言辞,言辞而已!在此,哈姆雷特和波洛涅斯(Polonius)成了同一个角色:"你看见那片像骆驼一样的云吗?哎呦,它真的像一头骆驼。我想它还是像一头鼬鼠。它拱起了背,正像是一头鼬鼠。还是像一条鲸鱼吧?很像一条鲸鱼。"②

波洛涅斯·尼采③无法抗拒自身之内的自由鸟王子(Prinzen Vogelfrei)④的念头,以致屈服于自己的心情。当他极力指责罪恶感、亏欠意识和良知谴责的时候,他最是同自己达成一致。毋庸置疑,"心怀怨恨的人,在良知的基础上发明了良知谴责"。(《道德的谱系》,第 64 页)同样毫无疑问的是,尼采关于良知谴责的起源提出了另一个"假设"。他认为良知谴责是"一种重病,在人所经历

---

① 尼采:《道德的谱系》,梁锡江译,华东师范大学出版社 2015 年版,第 72—73 页。
② 出自莎士比亚的《哈姆雷特》第 3 幕第 2 场。
③ 波洛涅斯是《哈姆雷特》剧中饶舌的御前大臣,有智慧却没有彻底和果决的行动力,哈姆雷特误以为他是国王克劳狄斯派来的监视者,把他当作"鼠贼"刺死。滕尼斯将尼采比作波洛涅斯,应当是讽刺他只有小智慧,只有言辞,而产生不了真正有结果的行动。
④ "自由鸟王子"的提法,见尼采为《快乐的科学》创作的附录《自由鸟王子之歌》,其中包含了 14 首诗。

过的所有变革中,那场最深刻的变革带给人的压力必然使其罹患此症——这场变革使人最终发现自己已然陷入社会与和平的禁锢之中"。①(《道德的谱系》,第64页)无论强者还是弱者都会染上这场病,尤其强者最被这场病折磨消耗。

关于良知谴责起源的假设,头一个前提就是:"那种变革并非渐进的、自愿的……而是一种断裂、一次跳跃、一种强制、一种不可抗拒的厄运,既无法与之抗争,也根本无法怨恨于斯。其次,一直无拘无束的、没有定型的民众被塞进某个固定的形式之中,此事乃是因为某种暴力行为而发轫,也只能因为纯粹的暴力行为而被引向结束——所以,最早的'国家'就是作为一种可怕的暴政,一架肆无忌惮、残酷碾压的机器而出现并发展的,直到它最终将民众和半野兽身上的相关原始材料彻底地揉捏和驯服,并且将其塑造定型。我使用了'国家'这个字眼:我的所指在这里是不言而喻的——一群金发野兽,一个征服者和主人之种族,他们为战争而组织起来,并且他们有力量进行组织,他们毫无顾忌地将魔爪伸向那些在数量上或许占有优势,然而却没有组织形态、四处游荡的

---

① 尼采:《道德的谱系》,梁锡江译,华东师范大学出版社2015年版,第139页。

种族。"①

我们注意到,尼采在此暗示了一组全新的对立方:它在组织(Organisation)的意义上成立,组织即意味着自身被纳入一个稳固的形式里,意味着强力的支配,全新的对立便基于力量强弱并由此产生出来。良知谴责仅仅是"潜在地施加着强力的自由本能"(《道德的谱系》,第80页),是"那种反向的残酷,它来自那个被内在化的、被驱赶回自身的动物人,那个为了驯服的目的而被禁锢在国家中的人"②(《道德的谱系》,第80页)。强加的法权状态(Rechtszustände)也即惩罚与司法,主人们通过它来规训服从者,驯服和贬低人们,驱使他们的力量朝向他们自己,把他们变成"恶"人;然而根据另一种流行的理论,是弱者和卑微者发明了"恶"这个概念,他们以此称呼他们的主人,那些"善的"猛禽。相反地,在另一处(《道德的谱系》,第11页),尼采说:"人的,或祭司们的这种存在方式本质上是非常危险的,但正是在这一危险的存在方式的基础上,人才真正成为一种有趣的动物,而人的灵魂也正是在这里获得了更高意义上的深度,而且变得邪恶——这正是迄今为止人优越于其他动物的两个基本表现

---

① 尼采:《道德的谱系》,梁锡江译,华东师范大学出版社2015年版,第141页。
② 同上书,第148页。

形式。"①

故而人的存在方式有时是"国家",是主人施加于奴隶的强力;有时是祭司阶层同骑士阶层的影响间的竞争,催生出仇恨与报复;有时是奴隶暴动和民主的价值评估方式;有时仅仅是基督教;有时又是现代的哲学理念:就此而言,它们总归意味着奴隶在主人强力统治下的反应,它们使人变得卑微,沦为小女人,它们夺走了人类健康、快乐的本能,以文化的名义敌视生命。事实上,尼采并不知道人的存在方式到底是怎样的。他仅仅被关于"人的存在方式是一个什么东西"的模糊情感驱使着,屈从于向着一位敌人发泄愤怒的愿望。

最终,他怀着最激烈的激情,将一切罪责都归结到基督教身上,或者像人们理解的那样,归结到犹太教身上。相反地,罗马精神必须闪耀出光芒,掌握绝对的统治权。如果没有上述依据,他便不足以诽谤科学。在他看来,科学立足于同禁欲理想相同的地基之上,"同样地高估了真理","让生命明确地贫困化乃它们共同的先决条件"。(《道德的谱系》,第171、172页)

因此在《敌基督者》一书里,尼采为了他的高贵文化,为了他的科学而颂扬罗马帝国。他这般明确地表述所谓

---

① 尼采:《道德的谱系》,梁锡江译,华东师范大学出版社2015年版,第74页。

"有教养的文化"(gelehrten Kultur):"一个有教养的文化的所有条件、一切科学的方法都已经具备了,……自然科学,与数学和力学一起,位于最好的轨道上——事实感,这最后、最有价值的感受,已经有了它的流派,已经有了数百年的古老传统!"①(第307页)②同理,他认为摩尔人的文化、文艺复兴的文化以及所有非基督教的和反基督教的文化在技巧与品位上都是出色的、高雅的、精致的。因为这些文化属于尼采在理论上仍然承认的内容之列,不过他自己愈发地失去了它们。在此,华丽高贵的金发野兽蜕变为"粗野的日耳曼人,一个乡巴佬,一位高贵的海盗",这皆为尼采的控诉!人们在尼采这几部近期著作里发现的一切,无不是不清晰、不连贯和不和谐的东西。此外,他最近的著作高调赞美、称颂的,无非在迷狂的直观当中感受到的不可抗拒的、野蛮的和原始的事物,以及丝毫未有破裂的激情。然而即便被驯服了的、爱好和平的文化人,也能准确感到这些,因为谁能比帝制晚期的罗马人更驯顺呢?但他们仍然是硬心肠的征服者啊,也唯有如此的品质,才足以引起尼采的共情。可被尼采谩骂的近代基督教国家里并不缺乏硬心肠的征服者。《敌基督者》及其似然的逻辑学、心理学和历史学,实际上毫无

---

① 尼采:《敌基督者》,余明锋译,商务印书馆2015年版,第302—303页。
② 指《尼采作品集》的第307页。

科学价值。此书宣泄出的除了仇恨和愤怒,并无一丝正义;作者极其傲慢,无节制地侮辱自己并不理解的东西;此书乃一部粗野的道德论著,宣扬着一种短视的意识形态,只不过作者总饰以有力的词语、机巧的狡辩、艺术化的虚言。我们只可把这本书读作一部锤炼文风的训练册(Stilübung),此外我们从中压根学不到什么东西,即不像从一位科学思想家或社会学思想家的运思活动那里学到些什么。① 我们将提供一些例证来考察。

---

① 就在我写完本书时,库尔特·布雷希格*在《施莫勒年鉴》(Schmoller Jahrbuch)第20卷第4期发表了《论欧洲主要民族的社会发展》("Über die sociale Entwicklung der führende Völker Europas")一文。其中,作者认为原始基督教的社会特征即"等同划一的夷平化"(!),也就是说,即便它没有消解所有社会的或政治的联结,如所谓"群众个人主义"(Massenindividualismus)一贯标识和指称的景象,它也意味着一种价值的贬损(Entwertung)。作者在文中写道:"没必要在此强调本文的前述内容有多少要归结到尼采的某些更适合的论述(见注释)。"相反,我断言,如果说《敌基督者》真的包含一种价值的话,那么它的全体价值就在于它的毫无节制:这部漫画乃尼采精神的产物,它呈现出一幅作者的肖像,其种种特征给人愈发强烈的印象。布雷希格先生以及其他人可能从尼采的"某些更适合的论述"中学到了一些什么;然而其中并没有包含什么客观的、新的内容。基督教学说,就其起源而言无非出自自由的、人道的犹太教,此后犹太教传统持续地留存到彼得学派里。其他学者,如威廉·莱基(William Lecky)(在《欧洲道德的历史》**里)正确地强调,基督教后来在自身中接纳了斯多葛的普遍兄弟之爱的思想。尼采的影响自始至终渗透在上述的作品里,恰如最近越来越多的历史哲学方面的研究所做的那样。然而这些尝试都纯粹地是意识形态性的,它们的论述所针对的对象,也是马克思主义学派所处理的同一个对象,只是它们远不如马克思主义学派的研究,尽管后者也有种种欠缺。***——作者

(转下页)

尼采的作品充斥着五颜六色、闪闪发光、半是科学半是修辞的空论,然而有一种思考贯穿其中:力,尤其是身体的力和健康,唯独确保了人类的未来,正如他最终在《敌基督者》里说到的:"什么是好?一切提高人类的权力感、权力意志、权力本身的东西。什么是坏——一切源于软弱的东西。"①以至于尼采在所有矛盾间一再重申这样一重根本矛盾:存在着两种评价类型,基于此,又存在着两种道德类型,即高贵的评价方式——主人道德,和教士的或民主的、无论如何低劣的评价方式——奴隶道德。如何看待他关于事实的这种断言?此乃关乎尼采"哲学"批判的最重要的问题。关于这一对立,尼采是否完全想清楚了呢?我敢说:没有。如果尼采宣称,存在着两种截然相反的道德评价类型:其中一种意味着最高等的属性和原则,以及有益于行动者本人、使之高贵和完善的行

(接上页)* 库尔特·布雷希格(Kurt Breysig, 1866—1940),德国文化史学家,上承卡尔·兰普莱希特(Karl Lamprecht)的心理学史学,下启奥斯瓦尔德·斯宾格勒(Oswald Spengler)的文化形态学。

** *History of European Morals from Augustus to Charle-magne*. 本书由雅诺维茨(Heimann Jolowicz)翻译成德文。*Sittengeschichte Europas bis auf Karl den Großen*, Leipzig und Heidelberg: C. F. Winter'sche Verlagshandlung, 1879.

*** 滕尼斯很有可能在此想到的是卡尔·考茨基(Karl Kautsky)1895年出版的著作《近代社会主义的先驱》(*Die Vorläufer des Neueren Sozialismus*)。

① 尼采:《敌基督者》,余明锋译,商务印书馆2015年版,第210页。

动；另一种则意味着其他的属性和原则，还有直接有益于他人或帮助他人的行动。如果他进一步地宣称：基督教，同样地还有近代道德哲学体系皆过度从属于第二种类型，而第二种类型只推崇"利他主义"和理性的、有德的自我主义，认为它们非常值得提倡和鼓励。一方面，我们已然承认了这个很容易证明的论点，视之为在道德判断的事务上，男性思维方式为对抗单纯的女性思维方式而做的一种辩称（Vindikation）。① 它的真理性体现为个体的才能（Tüchtigkeit）也具有很高的社会意义。另一方面，真正促进人间福祉的总非温柔孱弱的情感，更不用说它能促成人类的繁荣，它的过度泛滥甚至常常导致有害的结果，标志着人类的虚弱，或者说人类愈加虚弱的原因。从这个意义上讲，我们赞同尼采，然而也尊重那些以最高的敬意关怀弱者和女性的心灵。

但尼采若把扼杀男性的才能这一后果归咎于基督教，认为是基督教把人变成一头驯服的家畜和牲口，那他就犯了很低级的历史错误。若基督教真做成了这件可怕的大事，它又何以能自我夸耀呢！总体上说，基督教以及任何宗教都不会产生尼采所说的这般强烈的道德效果，至少不会沿着这个方向有如此效果。只要基督徒存在，

---

① "Vindikation"乃由拉丁词"vindicatio"变化而来的德文词，它是罗马法的专门术语，指物主对占有者提出的归还财产的要求。

不管他们是不是野蛮人或蛮族人，不管他们在战争抑或和平的处境里，都会极嗜血残忍地对待异教徒、犹太人和其他基督教同伴，犯下种种暴行，丝毫没有同情、怜悯以及女性般的温柔。假如偶尔地有牧师，但更经常的是修道士和"沙漠中的布道者"尝试着并尽可能减轻暴行，他们通过给暴君或武士宣讲善的良知，为后者的心灵注入幻觉，令他们为更高贵的上帝荣耀行动，反倒增加甚至更催生出暴行。然而如果我们不去关注基督教野蛮的一面，而是注意到基督教的理想同一种高贵的男性气质、同骑士的理想不但协调一致，而且结成了最亲密的婚姻关系。与此同时，现代人性观念（Humanität）在其萌生时便与基督教学说有内在的亲和性，后者既同前者对抗，又在同样的程度上促成了前者。现代人性观念，尚未足够有力地发展出来，尚未发挥出足够有力的效果，它并非源于基督教，也就是说，并没有基督教史和基督教会史的根源。毋宁说，它乃是一切文明发展的伴随现象，随着和平的交往越来越频繁，市民间甚至国际间往来愈发增多，人类的伦理和性情逐渐平和。但凡文明，其程度便是由商业、政治、科学这些因素来衡量的。

在这些因素中，商业占据主导地位，同时最具革命力量。现在很重要的是要认识到，正是这些因素同时极大促进了自我主义的发展，有利于培育出冷静的、为着自己的利益斗争的男性气质。商业的第一条法则是竞争,竞争从不知同情这回事,因为竞争便要追求富足,为摆脱贫困而无所顾忌地行动,拆毁一切限制,推倒一切障碍,把懦弱的想法和因焦虑而来的犹豫抛之脑后,为达到目的不惜使用一切有效的手段。如果说尼采看穿了现代生活的本质,那么他必定会赞许现代自由的、无节制的、肆无忌惮且毫不留情的竞争,歌颂与同情为敌之人。上述因素共同造就出一批全新的、跨越国界且彼此相交的贵族,它们拉长了生活在同一空间里的各阶级间的距离,它们招致了阶级斗争,令全欧洲的各民族更激烈、更恐惧地颤抖起来。与此同时,统治阶级反对所谓"猖獗的利他主义学说",而以护教式的顽固态度,坚持似乎预先设计出的利益的和谐(Harmonie der Interessen)之说。"每个人只要愿意,都可以变得幸福","每个人都是自身幸福的建筑师","帮助你自己",这些都是资产阶级意识里的勇敢的生活指导法则,然而不可否认,20年来,他们已经失去了自信和善的心境。[1] 那些社会里信赖"利他主义"的人不幸了,特别是那些视之为伟大原则,全身心地指望它的人会多么痛苦啊。

那么人性如何呢?同情的道德如何呢?基督教衰落

---

[1] Ferdinand Tönnies, *Der Kampf um das Sozialistengesetz 1878*, Berlin 1929, S. 48f.

进程中的基督徒的情感如何呢？还有所谓"可耻的现代情感的脆弱化"，即作为其反对者的尼采有次总结指出的境况（《道德的谱系》，前言第 10 页）又如何呢？毋庸置疑，我们理应去把握持续推进的文明化进程里的各种对立的效果。尼采对此并无意识，他也没有通盘看到问题的复杂维度。现代生活在两个方向上影响着每一个人，然而这两个方向在观念上又交汇在一起。现代生活使我们更有个体意识，更懂算计，更努力进取。谁认识不到自己的优势，不追求自己的利益，不想方设法地击倒对手，便会在人生的赛道上落后、跌倒，其余竞争者就将从他身边飞驰而过。然而现代生活也让我们越来越摆脱和远离野蛮、战争、狩猎、骑马比武①。我们确实变得更平和、更温柔、更关心心灵。由此一来，我们就更软弱、更细腻、更女性化，也对自己的痛苦更敏感了，甚至在想象力的帮助下，对他人的痛苦也更敏感了。此外，我们学着在所有事情上都更精明，懂得如何让手段更精确地符合目的。毫无目的地折腾，为取乐而做残忍之事，这些在我们看来不光违背审美原则，更是同逻辑原则冲突、令人反感，它们皆为人性因素和同情道德的消极面。另一方面，它们无非塑造出同高度发达的、强大的自我主义势力均衡的对

---

① 德文原词"Turnier"，特指中世纪骑士的马上比武。

方,其本身是对冷酷的知性支配,对利益以及权力关系的自觉算计,对普遍的异化(Entfremdung)和冷漠的反动。自我主义日益占据我们这个时代的人类生存空间,就算人们并未被分裂和仇恨搞得支离破碎,它也分派在人间的方方面面。唯有那些并不认识我们的时代、被假象迷惑的人,才会释放出危险的信号,呼吁温柔的情感变得强大有力。的确,这些人常常在他们所未立足的地方作出种种断言,他们似乎因无家可归而四处徘徊,驻留在自身遭受最少阻碍之地,因而在此,他们也最不想要去修正、改善实际的社会生活的诸关系,最后反倒比过度严肃之人对社会的伤害更大。

第24节

严肃与坚硬—思维的方式—自觉的伦理思想

但这种坚硬的、冷酷的心志(正像易卜生以其闻名遐迩的大师技艺刻画出的"娜拉"丈夫的形象①)同文明化了的顺服以及市民的美德极完美地协调一致(尼采就认为文明化了的顺服和市民美德本质上受制于同情与利他主义),因为在一种独特的条件下,真正的利他主义和理想主义很容易蜕变成"野蛮"。当然,事实再次证明,利他主义和理想主义在人民(Volke)中,比在"社会"中更生机勃勃、更强而有力地存在。统治阶级的现实性格通常表现为坚硬的自我主义,尼采赞美它为主人道德并时刻期待着它。但同时,统治阶级也相信严肃与坚硬乃必要的态度,他们常认为由此便可正当地宣称,让少数人受苦便可拯救多数人,使之免于受苦;或者一次及时的干预,相较于后来去施加强迫性的、全面的惩罚,要温和得多;或者说唯有困苦与饥饿才能将人带向"理性"。

然而在这方面,我们也应当说,高贵的人遵循思维的

---

① 指易卜生的名剧《玩偶之家》里的海尔茂,他既是十足的伪君子,又是男权中心思想的拥护者。

方式来表达自我，粗野的人则无法正确地思考，即便受过教育、经过教养的人在想社会和政治问题的时候，也常常满足于陈腐和贫乏的观念。的确，就算我们并不近视①，野蛮人的眼睛往往也比我们看得更远。但我们这些近视者占有并支配着工具，借此我们看见了无知的人预料不到的远方存在。思维工具即普遍适用的定理，即对自然以及人类性情之合规律性的表达，因而也即对人类共同生活之合规律性的表达。属于这类认识的，还有所谓最高级的思维方式，无异于最可靠的支配手段，而最高级的思维方式意味着精神与伦理文化（sittlichen Kultur）在思维里占据优势地位，它只能与宽和（Milde）的气质成双配对，由此结出的成熟果实就是温柔而敏锐的正义感；唯有宽和方能赢得爱，赢得唯一可靠的人间纽带，唯有正义感方能唤起敬畏感，才是维系爱、强化爱的唯一工具，亦是维系与强化权威意识的唯一工具。

自觉的伦理思想使有教养者再次接近人民，教导他们认识自己，以此做有益于自身的内省，而非追逐外在的目标，这同时意味着和传统以及共同体精神重新建立一种家庭般的亲密联系。在其中，个体尤其是脱颖而出者，他本人及其全部的经济、身体和精神的生命都植根于这一联系。

---

① 滕尼斯在这里使用的德文词"Myopisch"源于希腊语"mýops"。

第25节

战士的德性—三种理想—乐于助人的观念—女性参与—善良—道德判断—伦理的宽和—疑虑—战斗的、男性的精神—柔弱化的危险—进步—向更高类型的追求—超人—奴隶—剥削—尼采在社会科学上的无知—金权政治的诡诈—危险的生活—尼采思想的混乱—剥削与危险—其他的危险—人道对抗淘汰—对尼采学说的过高评估—"现代观念"—尼采主义与果敢—新贵族

从古至今,战士的德性被认为是真正的男子气概,甚至几乎被视作男人的唯一配饰,即便基督教学说也并未改变这一事实。战争行动似乎是男人最合宜的天职。"在战争中,男儿还有价值!"①这个观点建立在人类迄今为止的全部历史事实之上,即人类从未停止血腥的战争。尼采放任自己的幻想,导致他看不见本来可见的真相。在基督教鼎盛的时代,无畏无惧的骑士最受敬仰。

---

① 语出弗里德里希·席勒的名剧《华伦斯坦》第一部分"华伦斯坦的军营"第11场。一位甲骑兵唱道:"起来,兄弟们,上马,上马!奔向战场,奔向自由,在战场上,男儿才有价值,心灵才有自由……"滕尼斯将席勒原诗里的"战场"(Felde)改作"战争"(Kriege)。中译本参见弗里德里希·席勒:《席勒文集》第3卷,张玉书译,人民文学出版社2005年版,第417—418页。

诚然,这种天真而辉煌的贵族理想在今天仍以不同形态存在,不过除此之外,在我们民族的观念里还有另外两种贵族理想:首先是正直的、诚实的、忠诚的男人,对于他们,我们总会期待着,一旦时势需要,他们不丧失勇气与果敢;我希望称这样的人为合作社式的、民族的人格理想(genossenschaftlich-volkstümliche Ideal)。其次是战胜了自我,被宣扬拥有超自然的天赋,属于活在另一个世界里的人,即神圣的男人。诉诸自然的情感最不能理解他们,但正因如此,因虔诚而震颤被视作超人的某些品质。在信徒看来,这种人最容易从某个精神等级(geistigen Stande)中脱颖而出,恰由于有了他,整个等级都在希望向他靠近;像这样的人格理想,就其普遍的概念来说,可被称作教师的人格理想(gelehrte Ideal),因为它的意义并不局限于尊敬神圣存在或宗教人士,因为它通过教授活动(Lehren)传播给众人,作为榜样而被众人领悟,所以它超越了天真的理想。上述三种理想受到人们真诚的崇敬,尤其那些离之遥远、深堕其下者,最是尊崇地仰望它们。无论承担这三种理想的人格因享受他人的崇敬甚至全身心的赞美而心醉神迷,还是从崇拜他们的人身上看到了他们的保护地和庇护所,他们都被人深深地期许着,在困苦、幸福以及快乐的时刻,给予慰藉与帮助。通常说来,青年主要看重骑士理想,妇女主要看重合作社理想,其余各式各样的人主要看重教师理想。

在神圣者越来越不被人信仰的地方,民众仍然信赖教养的审慎、知识的富足、话语的温和力量。然而乐于助人或善良的观念,即时刻准备着施予他人援手的观念,总归同伦理的理想息息相关。无疑,此乃"骑士"理想的标志,但也是穿着朴素衣衫的"勇敢男士"的标志,人们随之还会想到教会里的安慰者和照料者、友好的医生和慷慨的教师。这些纯粹类型的存在,保护着社会生活免于退变为一种纯粹的雇佣体系,免于堕落为一场个体间和阶级利益间的赤裸裸的斗争。尼采在此看到卑微的民众对伟大者的仇恨与报复欲,因为民众觉得伟大者是恶人,所以曾经被崇敬和赞美的人,如今不再合乎他们自己的理想,毕竟这些理想事实上已经离民众远去。紧接着,这些理想不再符合时代的实情和形势,被空洞的自负和放肆的恶习取代。尼采的思考将贵族和富人的傲慢同他们的理想混为一谈。那些除了富裕别无其他的人根本看不到理想何在,也看不到与理想类似的任何事物。

女性也参与到第二个和第三个理想的现实之中,并且占据了重要的份额。我们甚至应当说,任何青年人的理想并不独属于男性。善良、温柔和宽和的气质与其归于普遍的自然,莫如归于女性,因而它们更多地被视作常规,而非什么独特的、要特意去赞许的东西。所谓"同情"

(Mitleid)，谁称之为一种美德呢？一方面，除了尼采，这位受叔本华培育甚而娇惯坏了的尼采，如此称赞它，只是为了贬低它而已，而他的导师（叔本华）则极力颂扬它。另一方面，相较于男性，女性更是道德判断的主体，道德法庭最好由妇女来组建："你想知道什么是合适的事情，那么，只有求教于高贵的妇女。"①故而我们看到，一种文化到了晚期，往往会出现伦理柔弱化的局面，这本质上要归功于妇女的影响；柔弱化表现为同粗野相对的、更敏感的公共意见发声，普遍说来，粗野乃是精致趣味的必然相关项。不过这种柔弱化对于人类发展有着种种危险的面向，尼采对此洞若观火，因此我们通过他的严厉批评把握住了反思的素材。

头一个危险是那些原始的、男性的、贵族的美德将朽坏。我们应当相信，它们的存在对于维持和促进文化是必要的，其他的男性美德也很可能随之一道死去，这些美德同它们亲和，同它们一起反对狭隘的、精于算计的自私自利的品质。不过我们可以说，由于当下欧洲各民族普遍实行的义务兵役制以及各民族间的潜在战争状态，人们仍然很看重士兵德性，重视培养它。尼采却并没深思

---

① 语出歌德的名剧《托尔夸托·塔索》第 2 幕第 1 场。中译本参见歌德：《托尔夸托·塔索》，钱春绮译，载《歌德文集》第 7 卷，人民文学出版社 1999 年版，第 418 页。

这些细节，即便他在所有针对女性化趋势的指责之间，赞美我们已经进入"战争的经典时代"(《快乐的科学》，第362节)。但他仍然指出，现代思想的代表们迷恋永久和平；在英国和北美，一切英雄主义实际上已消失殆尽，正如伯克①以动人的言语哀叹的那样，无惧无畏的商人已毫无顾忌地取代了骑士的地位。对此，我回答道：在现代文化产生前的几个世纪(所谓"中世纪时代")，战士仅仅是少数人充当的；许许多多的贵族家庭因世仇而相互残杀，之后便消亡了；而那些守护民族力量的农民等级完全不是战斗性格，即使他们时而想到自己的护卫职责。

其他两种男性美德显然也在很大程度上受解除了束缚的货币与信用经济的损害，但绝不会因与它们紧密关联的现代文明的非战性格受损，只要非战性格在现代文明里实际存在。从中产生的柔弱化的危险，将极容易地通过体操(Gymnastik)的训练来消除。众所周知，在盎格鲁-撒克逊族的地区，体操训练正被有力地推广，我们这儿也日益流行起来，对大多数人来说，真正构成障碍的唯有漫长的劳动时间和日常生活的一切其他困境。

我们无法预先知道欧洲文化的命运。但几百年间，

---

① 指埃德蒙·伯克(Edmund Burke,1729—1797)，英国政治思想家，近代保守主义的奠基人，代表作为《法国革命论》(*Reflections on the Revolution in France*，1790)。

旧生活秩序加速瓦解,到本世纪末已成强弩之末,并接近一个决定性的变形时刻。这样的认识本应最终足够坚实地扎下根来,且当尼采敢于从他的历史哲学观点发展出一系列论调时,这种认识本应成为他的一切论调的基础。当尼采宣布"进步只是一个现代观念,而这意味着,是一个错误的观念"①时,不禁会令我们这些已经学会从经济和技术的观点、从本质上理解现代发展的人哑然失笑。我们认识到进步,也正因为如此,我们既小心地赞扬它,也谨慎地贬低它。但我们也非常清楚地看到,一种新的有机文化的萌芽正在旧文化的废墟间缓缓地、艰辛地成长,去培育它,爱护它,照料它,乃是我们知晓的作为智慧与人类高尚之友的使命。我们也希望促进人类超越他们的过去,"培养"他们上升为一个更高的类型。然而我们完全不满于尼采宣称的,"确有个别情形取得了持续的成功,它们出现在地球上极为不同的角落、来自极为不同的文化","这种类型相对于全部人类而言是一种超人"②,完全不考虑我们更愿意除去像恺撒·博尔吉亚以及拿破仑这类超人,而不是培养他们。就算尼采想到了更好的类型,比如他甚至称拿破仑为"非人和超人的综合体"③

---

① 尼采:《敌基督者》,余明锋译,商务印书馆2015年版,第212页。
② 同上。
③ 出自《道德的谱系》第1章第16节。

(《道德的谱系》,第 37 页),我们的认识也全然相反,认为通过自觉运用科学,人类教育的整体条件能变得无比有益,即使我们不敢预言它将发生。

在另外的地方,尼采谈到的不只是个别的巧合,而且是一个新的文化体系,一个更好的时代。一方面,他对此的意识越发明确。"然而,良好和健康的贵族阶层的本质特征却是……它会心安理得地接受无数人的牺牲,由于它的缘故,必须将这无数人贬为残缺不全者,降为奴隶和工具。它的基本信念必定是,社会不能因为社会本身的缘故而存在,只能作为一种基础和支架而存在,百里挑一的精英凭借这样的基础和支架青云直上,承担更高级的任务,实现更高等的存在。"[1](《善恶的彼岸》,第 228 及下页)另一方面,他讥讽所谓"即将到来的社会状况"的幻觉,此幻觉宣称"剥削的特征"将不复存在,这在他耳中仿佛是,人们许诺要发明一种生命,其却不具备任何有机体的功能。"剥削"不属于一个腐朽的或不完美的、原始的社会,而是有活力者的本质,是有机体的基本功能,它是真正的权力意志即生命意志的结果。[2](《善恶的彼岸》,第 230 页)

---

[1] 尼采:《善恶的彼岸》,魏育青等译,华东师范大学出版社 2020 年版,第 245—246 页
[2] 同上书,第 247 页。

在这里,我们知晓尼采对于社会科学最深的无知。别去考虑他那些因生理毛病而胡说八道的话吧,但凡最坚定、最持久、最健康的统治,其统治者警惕的与其说是他自己的毁灭,不如说是剥削被统治者;一位好的牧人不愿剥削他的羊群,正如一位好的农夫不愿翻尽他的田地。恰恰最近时代的文化,即尼采出于自己的学术短视、因现时代的"民主"特质而憎恨的文化,完全打上了统治阶级的性格烙印:他们依赖无节制地开发土地、剥削劳动力,来维持自己高贵的地位,使自己不在竞赛中落后,来开拓可能的或不可能的享乐的海洋;他们强调尼采所赞许的"距离的激情"(Pathos der Distance),来突出自己同民众间的空间距离,一直到自己对民众完全无知无觉的地步,最终在他们的想象里,民众不过是一群奴仆或流浪汉。他们的"基本信念"根本不需要建立在社会为他们服务的基础上,毋宁在于,他们越真诚地信赖民主的表象,坚持法律面前人人平等,诸如此类,金权政治(Plutokratie)就变得越发精细(raffinierter)。诚然,这些都是危险的表象,因为它们激励人认真地做事情,想必人们还能想起普选权吧,然而真实的情形如尼采所说:"获取生活中最丰硕果实和最大享受的秘密在于,危险地生活!"(《快乐的科学》,第203页)

事实上,我们可以说:假如今日的享受者不再有住在火山旁的感觉,而是太安全稳当,那么腐败必定迈着大步逼近他们。是否这些来自大都市的"强有力的幸运儿"靠压迫和剥削他们的雇佣奴隶,就可"履行自身的更高使命,并且将自己提升为一个更高贵的存在",我们对此很怀疑。我们已经知道,尼采对罗马帝国的状态有极高的热情,他的喜悦与之糅合甚至混淆:"自然本性尚存的人,无论说多么可怕都不为过的野蛮人,拥有坚不可摧的意志力和权力欲的掠食者"(他的话并非不冗杂),"他们扑向较为文明的、较为温和的,也许以经商或畜牧为生的种族,或者扑向江河日下的古老文化,在那里,精神与腐朽的焰火燃烧着最后的生命力"。①(《善恶的彼岸》,第228页)无论如何,根据尼采自己的理论(如果我们希望谈它的话),已然精致化了的超人,无论表现得更有修养、更平和,还是更传统、更脆弱(在尼采看来,两者是一致的),都必须屈服于野蛮人,然而以牺牲那些已沦为不健全之人的公民同胞为代价来生活是否明智,无疑是很值得问的。由奴隶②组建的军队从来都不堪一击,普遍的无产阶级化和普遍兵役制二者完全不对付。当一群贵族,尤其一

---

① 尼采:《善恶的彼岸》,魏育青等译,华东师范大学出版社2020年版,第245页。
② 这里的"奴隶",滕尼斯使用了"Heloten"一词,原意为斯巴达的国家奴隶。

群现代的、住在大城市的、迅速朽灭的贵族按计划地削弱人民当中的男性力量和美德,为己谋求垄断地位时,那么很容易发生的情形是,他们为了蓄满自己的水库,就必须不断从外部汲取更新的水源。故而并非伦理的柔弱化,毋宁少数人过分耗费(Raubbau)多数人的力量这一情形,才是尼采赞美的剥削所暗示的危险。他崇拜迷醉、力量和权力,也必然崇尚金钱的力量,虽然后者是一种和平的、在文明世界里发挥效用的力量(过度耗费不像其他的偷盗行为入刑法),而且他没注意到,自己希望在最终的法庭赞美身体与灵魂的力量以及健康的胜利,但迷醉、权力以及金钱根本无益于它们,甚至从尼采本人的学说来看,它们部分地建立在毁灭的基础上,部分地导致了它们的毁灭。任何剥削阶级都在消耗自身。尼采滔滔雄辩背后隐藏的真理,其实是差异化(Differenzierung)的真理:迄今为止,一切高贵的精神文化,一切"更高等"的人类存在,当然还有"古典古代"的文化,都是在健康的农民和市民精神的广大土壤里生长出来的。系统而大规模的奴隶经济对古代文化而言意味着终结,正如人民系统而大规模的无产阶级化是现代文明的终结。危险如此之多啊!

尼采同那些思维不清楚和思想受阻滞的人一样,把危险的另一种类型归于人道观念(Humanität),因而他否定了那些将同情放到首位的宗教和道德学说;正如我们已然知晓的,他向它们宣泄自己最强烈的仇恨。我们注意到《敌基督者》里的若干表述。"同情""完全悖逆了发展的法则,发展的法则即选择的法则。同情保存适于没落者,它保护自身以利于被剥夺了权利的和被谴责的生命,它将失败者固着于生命,让各式各样的失败者蔓延滋长,由此而给生命本身带来了一个阴暗可疑的层面……同情是虚无主义的实践","没落的价值、虚无主义的价值以最神圣之名在施行统治","基督教站在所有软弱者、卑贱者和失败者一边,它与强大生命的保存本能正相抵触,并从中树立了一种理想"。①(第220页)

我们大体留意一下这里的话(其实我们之前就已经注意到这里所讲的东西),尼采将太多东西归因于正在传播的学说,如此一来,他就完全被寻常偏见的魔力所掌控。事实上,占统治地位的种种学说无非之前学说的沉淀,以及由于各种缘故传播开来的诸情感而已;它们无论如何都尽归情感,而且能繁殖情感;不过它们真正繁殖的无非那些情感的表象和相关的空话。

无论在古希腊古罗马的文化还是我们的文化里,人性或人道的思想皆从人的生活方式本身、从他们的文学教育发展起来。因此,在它们那里正如在我们这里,没有

---

① 尼采:《敌基督者》,余明锋译,商务印书馆2015年版,第213、214、215页。

什么能够阻止文化同时陷入僵硬和粗野的境地,当然两种文化类型的退化或许因为相同的原因,或许因为不同的原因。然而正是大量病态的、失智的个体聚集的现状,使得我们有必要确立一种理性的、合乎规则的人道思想。如非如此,我们便因盲目的愤怒或者依据冷酷的科学观点毁灭了这些个体,又或者以同情对待他们。最野蛮的人即使由于盲目的愤怒也不会杀死那些无力自保的同伴;如果他们离开居所,会出于同情而照料好老人,否则贫苦之人必然无法免于饿死。"为了一个好的目的"而有意识地去摧毁,这般所谓思想的胜利和凯旋只发生在一个高度精致化的、"超人的"、过于富足的文明里——如果没有厌恶流血与谋杀的冲动来与此动机平衡的话;诚然,嗜血的心理再度演变为病态的退化。

不管怎样,尼采全然朝着"现代思想"的发展方向前进,他的思维方式即便不等于当下正流行的方式,但当他呼吁在提供关怀和呵护的地方采取毁灭性的行动,他的思想就远比人道观念有力。在今天富裕而庸俗的市民群体里,没有什么比咒骂"人道麻木"(Humanitätsdusel)更受欢迎的了。无论对新的撒克逊选举体制,还是普鲁士的选举制度来说,但凡有人善于这般粗野的咒骂,便很容易谋得议会的授权。于是我们看到权力持有者(在此涉及的"学说"正是尼采式的,不过它只充当了一个暂时的、协同地发挥作用的、作为条件的原因)暴露出挑衅,并且十足不人道的面目,在果敢的名义下,不仅发动军事行动(从一定程度上说,在当下发生军事行动不可避免),而且作为官员扮演着主人的角色,但他们实际上是由人民供养的公仆——今天的德国人生活在悲剧性的繁荣境况里。否则俾斯麦侯爵掌握的新闻机构怎会公开建议有计划地煽动流血暴乱呢?在一个我不想说在自身内承载着人道,而只想说承载着自尊与自思的社会里,这般"深不可测的卑鄙"(它完全有理由被如此命名)是如何可能的呢?

于是乎,我们的新贵族,这些同时被委派去为人民保存宗教也即基督教的人,全然可被看作尼采著作所刻画的贵族制中人的适宜镜子。根据尼采笔下"真诚"(Echtheit)的形象,新贵族们必然从自己身上获得了很多快乐,当他们愉快地阅读完,起身站立,摆出法官的姿态,谴责一位贫穷的手工业工人诽谤宗教,或者以人民代表的高贵身份,竭力批判社会民主党人的无神主张,如此这般时,他们便能彻底表露自身的道德勇气。

第26节

人道要求作为理性的命令—预防传染—由于剥削导致病态和退化的产生—一种好的文化理念—人道观念与自我主义—尼采"体系"的再现—危险—他自己的更早的判断—精神烧酒—怀疑者—狭隘—狂热

但现在,尼采的追随者会说:我们不要求人应当杀死弱者,但至少不要像基督教或你们的同情道德所规定的那样,有意地鼓励、维护和培育弱者。培育弱者无疑乃最糟糕的情形,可尼采未对此做过任何提示;很显然,将弱者置于保育院等机构来保存,并不会出什么事,反而能确保抵消最严重的危险。此外,这般人道要求同时并且本质上也是理性的命令。

为了应对由"病人、失败者等"造成的传染以及所有其他的伤害,没有什么比隔离他们更好的保护措施了。如果一个人能决定干脆地杀死白痴和低能的孩子,那么这样做当然通常是为着他本人以及其他个人的利益;对于许多已成年的疯子和醉汉等,同样的隔离手段乃唯一可能的和彻底的办法。但如果人们不想和不愿这样做(事实上这是我们不可想象的),那么封锁甚至监禁不论对那些受苦的人,还是对他们的同胞来说,便成了唯一的救治之法。让我们冷静下来,进而尽力促成这般倾向,就很好了。

另一个完全不同的问题是:是否我们应当平静地看待病人、退化者、不幸者以及时刻有生命危险的人不断地出生、繁衍?若答案是肯定的,那么这在很大程度上是由尼采极力推崇的剥削的直接后果,是"主人道德"的直接后果,这般不道德之举意味着它的主体为了自己的满足或利益牺牲别人的健康和荣誉,还多多少少地冠以"善的良知"的名义,说白了是主人的、自负的"良知"。正像特奥多尔·施托姆(Theodor Storm)写下的出色诗句,人民的"生机勃勃的躯体""奋力地驱逐"他们,这些不道德的人根本不关心,自己是否有权利吹嘘自身的健康和力量,夸耀自己的主人权力和德性。

我们因此不会引述尼采追随者的话,来讨论如何在此避免可见的和不可见的恶。不要同这些狂热分子探讨什么严肃的社会问题。① 真理是:一个好的文化尽可能

---

① 因此我也对前文提到的梯勒先生的书,所谓"一部关于进化的伦理学之作"保持沉默,此书对于伦理学的实际发展和历史毫无认识。这位作者(和他的导师尼采一样)没看到同情的道德只是个体伦理的一种形式而已,它无疑最容易转化为社会伦理,并且在理性的自我主义和良知道德以及义务道德之外发展起来。他想要(而且我也极力赞成)在优化种族的方向上提倡社会伦理,不过他所说的社会伦理是对真正的 (转下页)

地让同情变得多余,因为它尽可能地防止受苦。然而基督教很少声称在这个意义上提升了文化。人道主义,或者说哲学伦理学则主张在这个意义上促进文化。即便它欢迎同情的事实,然而它提倡好的文化,并不必然地呼吁同情。正如我们前文已经提示的,人道主义呼吁洞见力(Einsicht)并乐意将自我主义纳入自己的服务范围。①它指出,每一个有理性的人,每一个为自己的生命感到快乐的人,每一个愿意关怀妇女和孩子的人,都必然有很大的兴趣来保证卫生清洁(hygienischen Entseuchung),他们事实上也是如此做的。当他们确立起道德净化的任务,教导道德纯洁,那么他们便仅仅想改善人道主义思想,扩展对人道主义的理解;他们意识到人道主义有着无

(接上页)幸福论(Eudämonismus)"现代观念"的一种表达而已,"平等论的使徒们"也提倡幸福论。故而这位鼓吹贵族制的伦理学家主张首要的即废除继承权!——作者

① 托克维尔在某处写道:"我不怕说,开明的自利原则似乎是所有哲学理论里,最能满足我们时代的需要的原则,我认为这实质上乃是留给他们的能持续掌握的自我保存的原则。"中国人陈季同(Tscheng-Ki-Tong)*在欧洲的几个首都生活了许多年,他惊讶地发现,一方面,我们的心灵对于未知的恶充满了同情;另一方面,在我们的生活实践里,没有什么比人心的冷漠更令他印象深刻的了。"在我们这儿,如果一位朋友堕入不幸,那么我们去帮助他,并不会被看作美德,而是一种习惯……每一个个体于我们而言都并非孤立的。"参见《两大陆评论》(*Revue des deux Mondes*)1884年第15卷第5期。——作者

* 陈季同(1851—1907),清末外交官,字敬如,在中法文化交流互鉴事业上做出了杰出贡献。

可估量的价值,重视生理卫生对于道德的最终目的的作用,无论从哪个角度来看,及时的预防乃最明智、最有效的政策。

让我们回到尼采,做一些总结陈词。老实说,论述他的极有性格的学说,不免容易太过认真,做过高的评价。正如安德烈亚斯-莎乐美夫人讲的,尼采的学说根本算不得什么"体系"。要说这是体系的话,也只是由思想、惊叹、雄辩、愤怒的爆发和彼此矛盾的各种主张组成的一个女巫盛会(Hexensabbat),其中闪耀着精神火花,令人头晕目眩。如果尼采的学说能够迷惑那些不审慎的、无批判力的头脑,能扭转他们的思想,那么它们还可能是严肃的、重要的学问,然而事实上,它们在最坏的程度上迷惑且麻醉众人。就此而言,尼采本人在其更好的岁月里道出了自己的判断,他在他最精致的著作里写道:

> 也许,即使倾地狱里的所有罪犯之力,也不可能像放浪的、幻想的、半疯狂的、丧失自制能力和除非完全迷失自己就不能体会到任何欢乐的天才的那一高贵小团体那样,给世界带来如此无远弗届之压抑的、污染大地和空气的巨大影响……不仅如此,这些酗酒者还千方百计地向人们灌输对迷醉的信仰,仿佛迷醉才是生命中的生命:多么可怕的信仰! 正如

酒精很快败坏和毁掉了野蛮人一样,这些精神烧酒及其推销者所造成的酷酊之乐也将逐渐而彻底地毁掉人类:它最终也许会消灭人类。①(《朝霞》,第45页)

尼采甚至在他近期的一部作品中不自觉地批评了自己。他幻想自己是一名纯粹的怀疑者:"千万别搞错了:伟大的精神是个怀疑者。查拉图斯特拉是个怀疑者。源于精神力量和精神力量之过度的强大和自由,通过怀疑来证明自身。在谈论所有关乎价值和无价值的根本问题时,根本无须虑及有信念的人。信念是监牢。信念看得不够远,它没有往下看;然而要有资格对价值和无价值发言,就得看到500种确信在自己的脚下——在自己的背后。一个精神,如果要欲求伟大、欲求达至伟大的手段,必定得是怀疑者。"②(《敌基督者》,第293页及以下)对此,我们沉默,不去说在本书的其他地方以及事实上根据他的哲学精神,怀疑是且必然是思维贫乏和本能萎靡的标志,是一种敌视生命的本能的表达。不过尼采完全正确地指出:信念使人狭隘,狭隘常常是权力的配料和成功

---

① 尼采:《朝霞:关于道德偏见的思考》,田立年译,华东师范大学出版社2007年版,第88—89页。
② 尼采:《敌基督者》,余明锋译,商务印书馆2015年版,第289—290页。

的秘诀。他说,其视角"在病理学上的局限性"把确信者变成了狂热之徒(他举了萨沃纳罗拉、路德、卢梭、罗伯斯庇尔和圣西门的例子),此乃与强大的、变得自由的精神相反的类型。(《敌基督者》,第295页)

尽管这句话唯前半部分正确,但是它深深地打动了尼采。他的狂热信念是相信基督教无非意味着奴隶暴动和无政府主义;他怀着这般狂热说道:"只要有墙,我就会写上对基督教的这个永恒的控诉。"他称基督教为"一个巨大的诅咒,一个巨大的内在腐败,一个巨大的复仇本能","对于这种本能而言,没有什么手段是足够有毒、足够隐蔽、足够秘密、足够小人的"。他称基督教为"一个抹不掉的人类污点"。[①](《敌基督者》,结论)这种狂热既是狭隘的,又是病态的。"但是这些病态的精神,"他还在文本的上一处说道,"这些概念癫痫症患者的伟大态度影响了大众(也就是受过教育却混乱不清的大脑[②])——狂热之徒悦人耳目,人类喜欢看表演甚过听理由……"[③]

---

① 尼采:《敌基督者》,余明锋译,商务印书馆2015年版,第309页。
② 此处是滕尼斯的话。
③ 尼采:《敌基督者》,余明锋译,商务印书馆2015年版,第291页。

第27节

尼采—哈姆雷特

尼采本人以其悲剧性的姿态站立在我们的面前。他凭着过人的天赋能力,相信自己有责任以一种深刻而纯粹的哲学帮助我们澄清现时代混乱的精神生活。虽然他如今已扬名立万,赢得了显赫的声名,但这何尝不是他最可怕的命运,随着双翼的瘫痪,他已经无法预知自己的使命,本有可能实现的使命也必定完全落空了。他的命运骇人且充满了悲剧,对此,我们以虔诚的战栗,在巨大的矛盾和剧烈的斗争中把握他命运的真相与意义,他命运的崇高也使我们摆脱日常的情感、陷入迷狂。

作为一位真正拥有哈姆雷特本性的人,尼采毁于自己的使命。只要他以思想家的身份来生活,就必然要受苦,要勇敢地同一切阻碍做斗争。他深知斗争多么徒劳,常常用谜语道出这番心迹。无论经历生命的辉煌,品尝醉心的欢乐,还是度过自己的忧郁以及对于自身和周围世界可怕的憎恶,都以徒劳而告终。"每个深受痛苦的人——人能受苦的程度几乎决定了人的等级高低——在精神上颇为高傲,不无憎恶……这种受苦者精神上静默的傲气,这种在知识上出类拔萃者的自豪,这种'得真传'、几乎被献祭的人身上透出的自豪把一切伪装视为必需,以便保护自己,避开那些执意要表示同情的手,避开所有未经历同样痛苦的人。深沉的苦难使人高贵,区分你我……有一些自由的、放荡不羁的人想要掩饰和否认他们的崩溃、傲慢、无可救药的心灵,而且有时候,愚蠢本身就是一种罩在不祥的、过于确切的知识之上的面具。"①(《善恶的彼岸》,第 270 节)在汇编之作《尼采反瓦格纳》(*Nietzsche contra Wagner*,作者的最近一部作品)里,这段话被重复提及,只是结尾稍稍做了改动("而且这时候,愚蠢本身就可能……"),但是在其间插入了这样的话:"这就是哈姆雷特的情形。"

这就是尼采自己的情形。

---

① 尼采:《善恶的彼岸》,魏育青等译,华东师范大学出版社 2020 年版,第 263 页。

图书在版编目(CIP)数据

论尼采崇拜：一个批判 / (德) 斐迪南·滕尼斯著；张巍卓译. — 北京：商务印书馆，2023
（通识社会经典丛书）
ISBN 978-7-100-23055-1

Ⅰ.①论… Ⅱ.①斐… ②张… Ⅲ.①尼采(Nietzsche, Friedrich Wilhelm 1844—1900)—哲学思想—研究 Ⅳ.①B516.47

中国国家版本馆CIP数据核字（2023）第181554号

权利保留，侵权必究。

通识社会经典丛书
论尼采崇拜：一个批判
〔德〕斐迪南·滕尼斯 著
张巍卓 译

商 务 印 书 馆 出 版
（北京王府井大街36号 邮政编码 100710）
商 务 印 书 馆 发 行
南京鸿图印务有限公司印刷
ISBN 978-7-100-23055-1

2023年11月第1版　　开本 787×1092 1/32
2023年11月第1次印刷　印张 6¼

定价：36.00元